江西省哲学社会科学重点研究基地（2015年）规划项目
《唐宋诗中江西茶文化的文献梳理与研究》
（项目编号：15SKJD01）成果之一；

南昌大学茶文化研究所资助；

宋代茶词探胜

李精耕　袁春梅　著

江西人民出版社
Jiangxi People's Publishing House
全国百佳出版社

图书在版编目(CIP)数据

宋代茶词探胜 / 李精耕, 袁春梅著. -- 南昌 : 江西人民出版社, 2015.9

ISBN 978-7-210-07872-2

Ⅰ. ①宋… Ⅱ. ①李… ②袁… Ⅲ. ①宋词-诗歌欣赏 Ⅳ. ①I207.23

中国版本图书馆CIP数据核字(2015)第230342号

宋代茶词探胜

作　　者：李精耕 袁春梅 著
责任编辑：吴艺文
封面设计：章　雷
出　　版：江西人民出版社
发　　行：各地新华书店
地　　址：江西省南昌市三经路47号附1号(邮编：330006)
编辑部电话：0791—86898470
发行部电话：0791—86898893
网　　址：www.jxpph.com
2015年9月第1版　2015年9月第1次印刷
开　　本：880毫米 × 1230毫米　1/32
印　　张：9.25
字　　数：220千
ISBN 978-7-210-07872-2
赣版权登字—01—2015—702

定　　价：29.80元
承印厂：江西嘉欣印务有限公司
赣人版图书凡属印刷、装订错误，请随时向承印厂调换

异彩华章别有韵

——《宋代茶词探胜》序

余　悦

中国是茶的故乡，也是诗的国度。茶文化博大精深，茶诗词是其中重要佳构。宋词作为一代文学之胜，形成与唐诗并峙的高峰。而茶词的异彩华章，醇雅芳郁，享誉古今。

宋代是中国茶文化高度发展与深入民间的时期，帝王将相、达官贵人，文人墨客、市井细民，茶事活动都成为不可或缺的重要生活。文人品茶的风雅，自然会在流连忘返中舞文弄墨。词人专为送茶、侑茶，填赋茶词，便是茶悦人生的一景。在宋代词坛，今存茶词，苏门最多，与苏轼及其弟子饮茶韵事密切关联。清人张宗橚《词林纪事》卷五引《古今词话》："苏轼有二韵事见于《行香子》。秦、黄、张、晁为苏门四学士，每来必命取密云龙供茶，家人以此记之。廖明略晚登东坡之门，公大奇之。一日，又命取密云龙，家人谓是四学士，窥之，则廖明略也。坡为赋《行香子》一阕。"东坡轶事，正好为茶事生活与茶词创作关系，作一注解。

虽然今人对茶词宽严理解有异，据《全宋词》、《全宋词补辑》考察，宋代茶词当在百首左右。宋代专门填写茶词的有：苏轼、黄庭坚、舒亶、秦观、张孝祥、吴文英、张炎、毛滂、周紫芝、赵鼎、程垓等，其中多为名家，别有一番情趣。就宋词总体而言，茶词数量不多，但佳作异彩纷呈。苏轼《西江月·龙焙》、《行香子·茶词》，黄庭坚《品令·茶词》、《满庭芳·茶》、《阮郎归·效福唐独木桥体作茶词》，秦观《满庭芳·茶词》，吴文英《望江南·茶》、《水龙吟·惠山酌泉》，都是一代绝唱，千古传诵。李清照《摊破浣溪沙》(病起萧萧两鬓华)，陆游《渔家傲·寄仲高》，辛弃疾《六幺令·用陆氏事，送玉山令陆德隆侍亲东归吴中》、《水龙吟·题瓢泉》，仅为涉之作，同样脍炙人口。词坛位列二三梯队的人物，因茶词而得传久远者，如葛长庚《水调歌头·咏茶》、施岳《步月·茉莉》即是如此。

茶词的创作内容与审美形态，或反映茶事，笔底留香；或描摹物态，穷形尽相；或吟咏名茶，情景交融；或茶韵雅趣，抒怀言志。例如：苏轼《行香子·茶词》，描写了饮茶的全过程："绮席才终"，"酒阑"之后的饮茶；"看分香饼"的"分茶"；所饮为"君赐"、"初拆"、"黄金缕，密云龙"的名贵之品；"斗赢一水，功敌千钟"的斗茶；"觉凉生、两腋清风"的功效；"暂留红袖，少却纱笼。放笙歌散，庭馆静，略从容"的送别。这一幕幕的场景，犹如美妙的画卷，浓墨重彩地展现了茶席上的种种技艺与茶饮的无比乐趣。再如：李清照《转调满庭芳》写道："当年，曾胜赏，生香薰袖，活火分茶。"洪咨夔《夏初临》写睡起分茶："雪丝香里，冰粉光中，兴来进酒，睡起分茶。轻雷急雨，银篁迸插檐牙。凉入琵琶，枕帏开、又送蟾华。问生涯，山林朝市，取次人家。"在这兴趣盎然中，茶事不仅是一种日常生活，更是艺术追求，是士大夫的雅贵情趣和精神享受。又如：秦观《满庭芳》"一种风流气味，如甘露不染尘凡”;黄庭坚《品令》“金渠体净”、“玉尘光莹”;陈师道《满庭芳》云:“笙歌散,风帘月幕,禅榻鬓丝斑”,茶品性格的清淡无奇、内厚外敛,饮茶感觉的精细体现、质朴雅致,都散发出超脱尘俗的清旷,显现出宋代文人理性、内敛的文化心理,心境澄澈、万物冥化、天人合一的思想境界。

宋代茶词的创作,表现技法丰富多彩。词曲从依附于音乐的唱词,上升为文情并茂的独立文体;在形式上,由单纯的小令,繁衍为八百余调,二千三百余体,使之更适合表现复杂曲折的感情生活。这在茶词也得到相应的反映。仅就词牌词调而言,茶词不乏丰富繁杂。如小令有:苏轼《浣溪沙》(簌簌衣巾落枣花)、《浣溪沙》(细雨斜风作小寒);黄庭坚《阮郎归·茶词》(二首)、《踏莎行·茶词》;毛滂《西江月·侑茶词》、《玉楼春·重阳煎小云团》;朱敦儒《朝中措》(先生筇杖是生涯);李处全《柳稍青·茶》;陈著《鹊桥仙》等。中调有:毛滂《蝶恋花·送茶》,辛弃疾《定风波·暮春漫兴》;宋自逊《蓦山溪》等;长调有:卢祖皋《贺新郎》;李之仪《满庭芳·报碾龙团为供求诗者》;王之望《满庭芳·赐茶》等。从风格来看,无论是豪放,还是婉约,茶词创作无不具备。苏东坡、黄庭坚的茶词,堪为豪放派的代表,而李清照、吴文英则是婉约派咏茶领军。

宋代茶词影响虽大,茶诗选本虽有多种,然而,单独的宋代茶词注释本似难得见。如今,李精耕教授携其弟子袁春梅写作出版《宋代茶词探胜》,正好填补了这方面的空白。这本著作,收入宋代茶词63首,既有名家名篇,又有其他佳作,眼光精到,选择得体。每篇作品,既有注释,又有赏析,或注其词,或解其事,或释其典,或论其意,有利于读者准确理解茶词和提高鉴赏水平。根据文献资料的状况,本书有的茶词还有"集注",显示出作者的学术功力与学术追求,也便于进一步了解茶词传播与接受过程的状况,了解茶词的地位与影响。此外,该书还有"宋代涉茶词辑录",让读者得到更多的茶词信息。《宋代茶词探胜》是一本雅俗共赏,值得细读慢品的著作。

精耕教授大学本科、硕士、博士都是古代文学专业毕业,经过长期严格的学术训练,具有深厚的学术底蕴。南昌大学古代文学专业导师,多系硕儒名流。我自1997年起,被聘为该专业兼职教授、研究生导师,迄今18年,目睹其设立与发展的历程。精耕教授执掌该专业,事务繁杂,为教学,为科研,花费许多精力。他一贯从事古代文学,特别是唐诗宋词研究,成果丰硕,并为本科生、研究生讲授了"中国文学史"、"古代文学作品选读"、"唐宋诗词研究"等多门专业课程。他还担任南昌大学茶文化研究所副所长,发表了多篇茶文化研究论文,受到茶界得到关注与好评。在他示范与指导下,与研究生一道完成《宋代茶词探胜》,自然是驾轻就熟,游刃有余。现在,对于研究生写作和发表论文有不同意见。以写作和发表作为唯一目标,自然有失偏颇。但是,作为研究生,如果在校时不进行严格和实际的学术研究训练,毕业时又怎么当得起"研究生"的称号?从夯实学术基础入手,从学术研究的"笨工夫"起步,不失为学习与研究同步的好方法。《宋代茶词探胜》使我们受益和得到启发的,不仅仅是宋代茶词的内容本身,也许还包括青年研究人才培养的路径。

《宋代茶词探胜》的完成与出版,仅仅是一个阶段的结束,后面还有无限风光。我在20多年前主编《中国茶文化经典》,就搜罗金元和明清时期的不少茶词。13年前,由我主编、胡迎建研究员选编的《茶吟遗兴——茶诗茶词撷英》,又收入许多现当代的茶词。我想:茶词的专题挖掘、整理与研究,还有大量的学术工作需要去作。精耕博士和他的弟子都很年轻,期望他们继续努力,取得新的更大的成绩。

精耕教授新作即将出版,索序于我。特书数语,致以祝贺,权且为序。

2015年10月26日于洪都旷达斋

目 录

西江月

茶词

苏轼

龙焙[①]今年绝品，谷帘[②]自古珍泉。雪芽双井[③]散神仙[④]。苗裔来从北苑[⑤]。　汤发云腴酽白[⑥]，盏浮花乳轻圆[⑦]。人间谁敢更争妍[⑧]。斗取红窗粉面[⑨]。

【注释】

①龙焙：茶库，制作专供皇帝享用的片茶(或称团茶、饼茶)，位于今福建建宁(今建瓯)。《宋史·地理志》中载建宁县“有北苑茶焙，龙焙监库”，丁谓《北苑茶录》亦有“官焙曰龙焙，盖造御茶也”。这里指由北苑龙焙所造的龙焙茶。

②谷帘：指庐山谷帘泉，位于大汉阳峰南面康王谷中(今江西省九江市星子县)，因其状如帘得名。陆羽《茶经》中提及：“陆羽第水高下，有二十品，庐山谷帘水居第一。”宋代学者王禹偁也在《谷帘泉序》中说：“其味不败，取茶煮之，浮云散雪之状，与井泉绝殊。”

③雪芽：指茶树最嫩的部分，为每年春季雨前茶。双井：茶叶

名，产于洪州（今江西修水）。雪芽双井：亦是双井白芽，指洪州双井所产的芽茶。

④散：不受约束。散神仙：不受约束的仙人，这里意在称赞双井雪芽的珍贵。

⑤苗裔：子孙后代。《楚辞·离骚》：“帝高阳之苗裔兮。”朱熹集注：“苗裔，远孙也。”北苑：茶叶产地，今福建建瓯县，龙焙所在地。宋代熊蕃《宣和北苑贡茶录》：“五代之季，建属南唐，岁率诸县民采茶北苑”，“北苑产白茶，因皇帝极喜爱，遂为诸茶之冠”。北宋宋子安《东溪试茶录·北苑》：“建溪之焙三十有二，北苑首其一。”“北苑”亦作“北苑茶”之省，宋沈括《梦溪笔谈·故事》：“建茶之美者，号北苑茶。”这里的意思是双井雪芽是北苑茶的后代。

⑥汤：沸水，热水，这里指泡茶的水。云腴：腴意为丰厚富裕，云腴指山中雾气浓厚之处，茶以产于山间雾多处为佳，云腴是茶的别称，在这里指的是烹茶时所产生的雾气。酽：颜色浓、厚；酽白：纯白，指茶水颜色。宋蔡襄《茶录·论茶》：“茶色贵白。”

⑦盏：小杯子，此指茶杯。花乳：煎茶时水面浮起的泡沫，俗称“水花”，这里指的是煎茶时茶末在茶面形成的像粟粒般的泡沫。轻圆：形容物体轻浮而圆润。清陈维崧《百字令·雨窗怀松之南水》：“茶烟扬起，细煎花乳浮轻圆。”这里指茶杯中浮着轻浮圆润的气泡。

⑧妍：美丽，美好。争妍：竞相逞美。

⑨斗取：对着。张相《诗词语词汇释》：“斗取，犹云对着也。”红窗：指女子的闺房。粉面：敷粉的脸，借指美人。

【赏析】

苏轼（1037—1101），字子瞻，一字和仲，自号东坡居士。眉山

(今四川眉山)人,与其父苏洵、其弟苏辙并称为唐宋八大家中的“三苏”。有《东坡七集》、《东坡乐府》、《东坡易传》等。

西江月,词牌名,又名步虚词、江月令或白苹香,双调五十字,原唐教坊曲名,用作词调。该词唐圭璋《全宋词》作《西江月·茶词》,据傅藻《东坡纪年录》,此词还有一段小序:“送建溪双井茶、谷帘泉与胜之。胜之,徐君猷家后房,甚丽,自叙本贵种也。”由此可见,此词不仅仅是咏茶词,也是赠人之作。所赠之人乃是徐君猷的姬妾胜之,而并非我们所熟知的王胜之。

词的上片通过直接和间接两种方式表达了对龙焙茶的赞美之意。

此词开篇即直接称赞北苑贡茶——龙焙茶。龙焙茶是茶叶中的极品,谷帘泉水也一直被评为极好的泉水。首句“绝品”二字,即是作者对龙焙茶的评价,认为龙焙茶是最好的茶。该词是作者苏轼作于元丰五年(1082),正是北苑贡茶发展的顶峰时期,据宋徽宗赵佶《大观茶论》所载“本朝之兴,岁修建溪之贡,龙团凤饼,名冠天下”,可见北苑贡茶之龙焙茶在当时的兴盛,“绝品”二字,毫不夸张。紧接着以“自古珍泉”,道出泡茶之水乃是源于自古以来被评为“天下第一泉”的谷帘泉。佳茗不易得,好水亦难觅,茶圣陆羽在《茶经》中说道:“名茶还须好水泡。”为寻得好水用于泡茶,历代好茶之人也颇费了一番工夫,在古诗词之中,也有许多专门对泡茶之水的吟咏,如洪希文的“平生三味试茶功,起看水火自争雄”。谷帘泉泉水一直被认为是泡茶之水的首选,陆羽根据冲泡茶水的味道,将庐山的谷帘泉定为“天下第一泉”,列于无锡的惠山泉之前;陆游亦在《入蜀记》中赞道:“真绝品也,甘腴清冷,具备众美。”可见谷帘泉也不辜负“自古珍泉”的美誉。

全词以对句开篇,“绝品”、“珍泉”直接表达出作者对茶、水的珍视。

在直接称颂了茶和茶水之后，作者又通过对双井雪芽的赞美来衬托龙焙茶的珍贵。双井雪芽像一个不受仙官管束的仙人,可即使如此珍贵的,它也仅仅是北苑龙焙茶的后代。双井雪芽是芽茶的一种,采摘自每株茶树最嫩的部分,是最嫩的茶叶,采摘难,产量少,是草茶中的极品。可作者称赞它的最终目的是为了进一步衬托龙焙茶的珍贵稀有。

词的下片则详细地描绘了龙焙茶煎茶的情景,再以茶喻人,称颂人之美艳。

“汤发云腴酽白,盏浮花乳轻圆”,是作者详细观察龙焙茶煎茶时所见到的形状。茶水飘荡出浓浓的水雾,透过眼前的雾气,看到的是茶杯中纯白的汤花,以及茶面一层均匀轻盈的水花。茶色历来以白为贵,宋徽宗在《大观茶论》中评道:“点茶之色,以纯白为上,真清白为次,灰白次之,黄白又次之。”词中龙焙茶的茶水呈现出的正是上等的纯白色。除了汤色之外,茶中的茶末也很有讲究。宋代茶叶大都制成饼茶、团茶,饮用时需先将茶饼用纸包裹好后捶碎,再用茶碾磨细,饮用时连茶带末一同饮下,所以一杯茶的好坏不仅要看汤色，还要看其茶末是否在汤面上形成一种均匀的粟粒状。龙焙茶的茶末所形成的粟粒状则像是一层轻圆的泡沫,均匀地漂浮在纯白的茶面之上。汤色茶末都是茶中佼佼者,作者对龙焙茶的赞美溢于字里行间。

词的最后两句转而写人,看似突兀,实则一气呵成。人世间还有谁能跟她竞相媲美,她是如此的娇艳美丽。“人间谁敢更争妍”,是作者从咏物到称人的过渡。作者将人比物、以物喻人,龙焙是茶中绝品，胜之也是人中的佼佼者，世间没有其他茶能比得上龙焙茶，也没有其他人能如胜之这般美好。“斗取红窗粉面”则是作者对胜之美艳的赞赏，强调胜之的美艳如茗中极品，不可多得。

整首词不仅时时透出作者对茶的精道，也字字流淌出作者对北苑龙焙茶的称颂和喜爱；最后一句将茶与人互作比拟，道出茶和人都是世间难得的绝品。该词不仅是咏茶佳作，亦兼赠人于一体，将对物与人的称颂结合得自然贴切，浑然天成。

行香子

茶词

苏轼

绮席[①]才终。欢意[②]犹浓。酒阑[③]时、高兴无穷。共夸君赐[④]，初拆臣封[⑤]。看分香饼[⑥]，黄金缕[⑦]，密云龙[⑧]。　斗赢一水[⑨]，功敌千钟[⑩]。觉凉生、两腋清风[⑪]。暂留红袖，少却纱笼[⑫]。放笙歌散[⑬]，庭馆静，略从容[⑭]。

【注释】

①绮席：盛美的筵席。

②欢意：欢乐、快乐的兴致。

③阑：将尽、将完。酒阑：指酒宴接近尾声，将要结束。

④君赐：指皇帝赐予的贡茶。贡茶开始于周朝，形成于唐朝，在宋朝发展极盛。宋代的贡茶有密云龙、龙团胜雪等，按等级分为龙茶、凤茶、京挺、的乳、石乳、白乳、头金、蜡面、头骨、次骨十品，宫廷官员按等级享用贡茶，宋杨亿《杨文公谈苑》："龙茶以贡乘舆及赐执政、亲王、长主，馀皇族、学士、将帅、皆凤茶。舍人近

臣赐京挺、的乳，馆阁赐白乳。”

⑤封：御封。此句为倒装，应是“臣初拆封”。傅藻注：“御茶分赐，御封犹在。”

⑥香饼：古时香料制成的小饼叫香饼，这里指茶饼。茶饼又称饼茶、团茶，制作时将茶制成饼形，宋初期用龙凤模特制，专门供给宫廷享用；庆历年间(1041—1048)蔡襄制作小团茶，以为贡品。

⑦缕：线，泛指细而长的线状物。黄金缕：指的是茶饼上所缕的金花。欧阳修《归田录》记载：“蔡君谟始造小片龙茶以进……宫中往往缕金花于其上，盖其贵种如此也。”

⑧密云龙：茶名，北宋贡茶，因茶饼上有云的图案而得名。蔡绦《铁围山丛谈》：“‘密云龙’者，其云纹细密，更精绝于小龙团也。”欧阳修《归田录》：“茶之品莫贵于龙凤，谓之小团……元丰间，有旨造密云龙，其品又加于小团之上。”可见密云龙乃是茶中贵品。

⑨斗赢一水：指斗茶。斗茶，即比赛茶的优劣，是极具趣味和挑战的雅玩；宋代文人雅士犹好斗茶，斗茶之风极盛，上至帝王、下至士大夫，无不喜好斗茶。一水：宋诗斗茶评判沏茶优劣用语，宋蔡邕《茶录·点茶》：“建安斗茶，以水痕先没者为负，耐久者为胜。故叫胜负之说，曰相去一水两水。”

⑩钟：盅。千钟：千盅、千杯，指饮酒多或酒量大。《孔子·儒付》：“尧舜千钟，孔子百觚，子路嗑嗑，尚饮十榼。”功敌千钟：指茶的解酒功能强大，再多的酒都可以通过喝茶醒酒。

⑪觉凉生、两腋清风：化用卢仝咏茶名篇《走笔谢孟谏议寄新茶》(又名《七碗茶歌》)的“七碗吃不得也，唯觉两腋习习清风

生，蓬莱山，在何处”，意思是喝到第七碗茶时，感觉两腋生风，欲借乘清风回到蓬莱山。

⑫红袖、纱笼：化用吴处厚《青箱杂记》中的典故。“世传魏野尝从莱公游陕府僧舍，各有留题。后复同游，见莱公之诗，已用碧纱笼护，而野诗独否，尘昏满壁。时有从行官妓，颇慧黠，即以袂就拂之。野徐曰：‘若得常将红袖拂，也应胜似碧纱笼。’”后将“碧纱笼”意为诗因人而重。

⑬放：放下，搁置。笙：管乐器名，由簧片、笙管、斗子三部分组成。放笙歌散：指音乐停止了，筵席结束。

⑭从容：形容人悠闲舒缓，不慌不忙的样子；或形容人的行动舒缓，不急迫。

【赏析】

行香子，词牌名，又名爇心香，双调小令，六十六字，音节流转动听。“茶词”是该词的词题。

这首咏茶词是作者于元祐四年(1089)知任杭州时所作。词的上片说明了饮茶的缘由，生动描写了酒席之后，作者与好友共同品尝御赐之茶密云龙的场景。前两句写明了饮茶的背景，后两句则点明所咏之茶乃是御赐贡茶——密云龙。华美盛大的筵席刚刚结束，酒也即将喝完，可是大家的兴致并没有因此而消退，反而有丝丝意犹未尽之感。这时候我拿出还未拆封的御赐贡茶，与好友一起品尝，好友都夸赞我得到了君主的赏赐。我们一起煮茶分茶，茶叶是上好的密云龙，茶饼制作得非常精致，在饼面上还能看见用黄金所缕的金花。

由上片可知，在一场盛宴刚刚结束之后，宾主兴致未尽之时，主人苏轼拿出好茶密云龙以待来客，该词正是与好友一同品茗斗茶后所作。好友是苏门文人廖正一，根据毛晋所注："廖正一，字明略，晚登苏东坡之门，公大奇之。时黄、秦、晁、张号'苏门四学士'，东坡待之厚，每至，必令侍妾朝云取密云龙，家人以此知之。一日，又命取密云龙，家人谓是四学士。窥之，乃廖明略也。"廖正一略后于"苏门四学士"，好品茶，与苏轼交往颇密。作为品茗大家的苏轼，向来只与"苏门四学士"共饮密云龙，这里却愿意将密云龙拿出与廖正一共同品评，可见二人关系甚好。密云龙是北宋元丰年间下诏的贡茶，产自福建建瓯，世称"溪边奇茗"，制作非常考究。宋叶梦得《石林燕语》记载："熙宁（1068—1077）中，贾青为福建转运使，又取小团之精者为'密云龙'，以二十饼为斤而双袋，谓之'双脚团茶'。"可见密云龙堪称茶中贵品，是比之上品龙茶还要精贵的珍品。能得皇帝如此赏赐，"共夸君赐"也就不难理解了。

词的下片则写了饮茶后，酒意尽消、飘飘欲仙的神奇感受。我们尽情地享受煮茶斗茶的乐趣，十分欢快热闹，一番紧张比试之后，终于赢了一水；尽管之前已经喝了许多的酒，但一杯清茶就可以消解醉意。到后来，慢慢感觉到两腋生风，有飘飘欲仙之感。我劝宾客们不要再为我夸耀君主如何厚爱我也不要再盛赞这御赐贡茶，只需好好品尝这茶中甘美芳香的滋味。音乐和歌声慢慢舒缓直至停止，客人们陆续离开，只留下这寂静的庭院，以及一片安静从容、悠闲自在。

下片首句运用对偶和夸张的手法，极言斗茶的热闹和茶的解酒功效。"斗赢一水"，写的是宾主之间的斗茶之乐，宋代很流行斗茶，也十分讲究技巧，"一水"即是斗茶评判的术语。这两句不仅写出了宾主们斗茶功夫的深厚，也写尽了斗茶阵势的豪迈。

后两句则分别化用一个语典和一个事典，写出茶味的神奇。“觉凉生、两腋清风”化用古诗，写出密云龙的味道极好，生动描绘了饮茶之后两腋生风、飘然欲仙的奇妙之境；“暂留红袖，少却纱笼”则借用《青箱杂记》中的典故，“红袖”、“纱笼”指“夸君赐”，意思是要宾客不要只顾“夸君赐”，而要细心专注地品茶。最后一句写了饮茶后庭院安静、宾客从容的场景，与之前斗茶的热闹一静一动，形成鲜明对比。

词的上片，寥寥数字即交代了作者在宴席结束之后拿出贡茶招待好友以尽余兴之事，同时也直接称颂了所咏密云龙的精妙。词的下片，不仅写出了斗茶之乐，也展现了饮茶之味，酒罢歌后，清茶解酒，从机动到机静的自然过渡，给清香的茶味更添一份隽永，让人回味无穷。词中不难看出作者深谙斗茶之技，更是深爱斗茶之乐，豪爽旷达的词风可见于字里行间。

阮郎归

苏轼

歌停檀板舞停鸾[1]。高阳饮兴[2]阑。兽烟[3]喷尽玉壶[4]干。香分小凤团[5]。　　雪浪[6]浅，露珠[7]圆。捧瓯[8]春笋[9]寒。绛纱笼下跃金鞍[10]。归时人倚栏。

【注释】

①檀板：乐器名，檀木制的拍板。此句化用“舞鸾歌凤”的典故，后唐庄宗(885—926)时期，宫殿整修时挖出一块断碑，上刻有文字：“宴桃源深洞，一曲舞鸾歌凤，长记欲别时，残月落花烟重，如梦，和泪出门相送。”唐庄宗甚觉有趣，命乐工就词谱曲，带头唱此新歌。鸾凤指的是鸾鸟与凤凰，都是鸟类的一种，“舞鸾歌凤”的意思是鸾凤在唱歌，比喻男女情深意切。词中化用此语典，意在说明歌舞结束，筵席散场。

②高阳：“高阳酒徒”的简称，指嗜酒而放荡不羁的人。语出《史记·郦生陆贾列传》：“吾高阳酒徒也，非儒人也。”明李贽《复麻城人书》：“今之好饮者，动以高阳酒徒自拟。”饮兴：酒兴。

③兽烟：兽形香炉中冒出的香烟。

④玉壶：美玉制成的壶，亦是酒壶美称。

⑤香分：原意是香钱，这里指茶香。小凤团：宋代茶叶精品，因以凤为纹而名。

⑥雪浪：指鲜白的茶水。茶水汤色以白为贵。

⑦露珠：露滴如珠，此处指茶水的水雾在杯盖上形成的水珠。

⑧瓯：杯、碗之类的饮具，这里指茶杯。

⑨春笋：原指春天的刚冒芽的竹子。一说此处比喻女子纤嫩的手指；另说此指茶笋、茶芽，茶的嫩芽。

⑩绛纱笼：一说为采茶工具；另说此处"笼"用作动词，指用红纱笼罩的灯笼。跃：跳跃。金鞍：金饰的马鞍，代指骏马。跃金鞍：从马上跳下来。

【赏析】

阮郎归，词牌名，双调九句，共四十七字。又名碧桃源、醉桃源或濯缨曲，因神话传说刘晨、阮肇遇仙复归之事而得名。关于该词的作者，至今仍有异议，据唐圭璋《全宋词》，该词又别作黄庭坚词；另说此首茶词乃是张先、朱淑真之词。这里以词为文本进行分析，对于该词的作者问题，在此不作探讨。

与上首咏茶词(《行香子·绮席才终》)一样，这首《阮郎归》描写的也是在一次酒席结束之后，烹茶饮茶之情景。

词的上片写了酒宴结束之后，饮小凤团茶。筵席已经接近尾声，歌舞都已停止，连我这个极爱喝酒的酒徒也喝得意兴阑珊了。兽形香炉中的熏香已经燃尽，酒也已然喝完，壶中不见一滴酒剩下。还是拿出小凤团，泡杯清香四溢的茶喝吧。前三句写的是酒宴结束，最后一句写出所烹所饮之茶乃是小凤团。小凤团是宋代贡茶中的精品，用上等茶末制成团饼状，茶饼上印有凤纹。与印有龙纹的小龙团并称小团，专供宫廷享用，始制于丁谓在福建为官时。宋张舜民《画墁录》："丁晋公为福建转运使，始制为凤团，后又为龙团，专拟上贡，虽近臣之家，徒闻之而未尝见也。"

下片则由茶写人，详细地描述了茶水的形色，以及归人之姿。茶杯不深，揭开茶盖，看见浅浅的茶水呈现出鲜白的色泽，还有茶盖上水雾凝成的圆圆的水珠。天气微凉，端着茶杯的纤纤玉手稍感寒意。红纱笼罩的灯笼下有归家之人从马上跃下，凭靠在栏杆之上。前两句细描烹茶之景，着重描写了茶水的色和形。后三句转向写人，第三句写端茶人，从天凉手寒这一细节入手。关于"春笋"的含义，有两种说法，一说意为女子手指的美称；一说是茶芽。《茶经》："茶之笋者，生烂石沃土，长四五寸，若薇蕨始抽。"但依据词中内容："捧瓯"是端着茶杯，"寒"是对天气的一种感知，若解释为手指，意思比较流畅；可若解释为茶芽，词义就有矛盾含糊之惑；所以此处应指女子手指的美称。最后两句写骑骏马归家之人，在灯笼下下马倚栏。因有第三句的端茶人，使得从咏茶到写归人这一转变不再突兀，反而有丝丝温馨沁入词间。

整首词从咏茶转写归人之姿，转变自然流畅，充满优裕闲适之感，快意的生活让人心生羡慕。

满庭芳

有碾龙团为供求诗者,作长短句报之。

李之仪

花陌[1]千条,珠帘[2]十里,梦中还是扬州。月斜河汉[3],曾记醉歌楼。谁赋红绫小研[4],因飞絮[5]、天与风流[6]。春常在,仙源路隔,空自泛渔舟[7]。　新秋[8]。初雨过,龙团细碾[9],雪乳[10]浮瓯。问殷勤[11]何处,特地相留[12]。应念长门赋[13]罢,消渴[14]甚、无物堪酬[15]。情无尽,金扉玉牓[16],何日许重游。

【注释】

①陌:道路。花陌:指遍布歌楼酒馆的街道。

②珠帘:珍珠缀成的帘子。《晋书》记载:"坚自平诸国之后,国内殷实,遂示人以侈,悬珠帘于正殿,以朝群臣。"

③河汉:指银河。《古诗十九首》中有"河汉清且浅"之句,其中"河汉"亦是此意。

④红绫:红色的丝织品,此处指女子所用的红绫手帕。小研:轻轻用石碾磨物品,使其光滑;此处指用这种方法加工的布帛或

笺纸。

⑤因:顺应,依托,凭借。飞絮:飘飞的柳絮。

⑥流:泛指物体流动,变换位置。风流:这里指随风一起流动或流逝。

⑦仙源:原指神仙所居之所,这里特指陶渊明所描绘的理想之地桃花源。桃源中人们生活安宁和乐、平等自在。空自:徒然,白白地。泛:指乘船浮行。此句化用桃花源典故。

⑧新秋:初秋。

⑨龙团:宋代贡茶名,饼状,因茶饼上印有龙纹而名。与凤团合称龙凤团茶。细碾:碾为细末。

⑩雪乳:白色浓厚的浆液,这里指茶水上的白色泡沫。

⑪殷勤:情意恳切深厚。

⑫特地:亦作"特底",特别,格外。相留:挽留。

⑬长门赋:指西汉司马相如以一个受到冷遇的嫔妃口吻写成的赋作,传说是为失宠的陈皇后所写。

⑭消渴:中医学病名,口渴、尿多、善饥、消瘦,包括糖尿病、尿崩症等。传闻司马相如有消渴症。

⑮堪:可以,能够。酬:报答,应对。无物堪酬:指没有什么东西能治好消渴症。

⑯金扉:华贵的门户。牓:匾额。金扉玉牓:指华美的居所。

【赏析】

李之仪(1048—1117),字端叔,自号姑溪居士、姑溪老农,沧州无棣(今山东庆云)人。有作品集《姑溪词》、《姑溪题跋》、《姑溪居士前集》。

满庭芳,词牌名,双调九十五字,别名满庭霜、锁阳台等。

根据词前小序可知，这首词是作者为答求诗者而特意写的，并非作于酒宴之后或是斗茶之后，也不是饮茶时一时兴起而作。

上片第一句即化用杜牧《赠别》的后两句："春风十里扬州路，卷上珠帘总不如。"杜牧原诗意在赞美诗人所爱之人，词人化用此句，极言扬州的繁华：布满酒楼妓馆的繁华街道有上千条，一眼望去，用珍珠缀成的帘子也延绵了十里之长，梦中的这些繁华景象原来都是扬州才有的。接着四句连用五个动词"斜"、"记"、"赋"、"因"、"流"，在我们眼前呈现出作者记忆中扬州的一片景色：那一轮明月斜斜地挂在夜空中银河的旁边，还记得曾经也是在这样一个夜晚，我醉倒在那座歌楼。那是谁在红绫手帕和笺纸上题了诗，这题诗的手帕笺纸随着飘飞的柳絮，乘着风在天上飞舞。上片后三句亦是化用典故，化用陶渊明所写桃花源：桃源中的春天总是长久存在的，可是通往桃花源的路却已经被阻断了，只能于河中徒然泛舟。词人化用桃花源的典故，意在说明扬州就是他的理想家园，是他心中的桃花源，可惜再也无法回到扬州了。

下片则由梦转醒，现今所居并非扬州，季节也不是春天。如今是初秋的季节，刚刚下了秋天的第一场雨，我拿出龙团茶饼，将其碾为细末，用它泡出的白色汤花漂浮在茶盏中。宋代饮茶讲究点茶：即先将茶饼烤炙，再敲碎并碾成细末，然后用茶罗筛细，将筛过的茶末放入茶盏，注入少量开水搅匀，再注入开水，用茶筅反复击拂直至产生泡沫(或称汤花，即词中的"雪乳")。后四句则语淡情浓地抒发了词人的相思之情。试问真正深情的人到底在哪里？我一定要将她挽留下来。她应该刚刚唱完那首《长门赋》吧，想起司马相如的消渴症除了茶之外没有什么办法可以治好的。先用一个问句唱出词人对心中所恋之人的思念,后用《长门赋》的典故。《长门赋》本是以失宠妃子口吻所写,这里词人写"应念长门赋罢",欲写女子对自己的想念,实则强调自己的浓浓深情。《史记·司马相如传》记载:"相如口吃而善书,常有渴疾。"这里用相如有消渴症这一典故,意为茶能缓解消渴症,说明茶的功能多样。最后三句,直接抒发词人内心难以抑制的思念与真情:我对你的情意没有止境,那繁华富丽的居室,什么时候才可以再次去到?用情之深,思念之切,溢于行间。

该词上片写梦中和记忆中的扬州,下片则直言现实所处和思念之情。全词清新柔雅,语淡情深,浓浓的深情中难言思念的惆怅。

李之仪是元祐词坛一位举足轻重的词人,也是苏门文士之一,其词以花间词为宗,恋情词是其中极为亮丽的部分。元祐时期政治、文学上多有变革,李之仪一生的仕途也是几经坎坷,曾被贬官三次,可谓命途多舛。尤其是在太平州(今安徽当涂县)任职期间,"到太平州四周年(1102—1106),第一年丧子妇,第二年病悴,涉春徂夏,劣然脱死。第三年亡妻,子女相继见舍。第四年初,则癣疮被体,已而寒疾为苦。"(《与祝提举无党》)此时的词人已经走入人生的绝境,而与歌姬杨姝的相识则给其昏暗的生活增添了一抹亮丽的色彩;可好景不长,政和三年(1113)二人便因种种原因分隔两地,自此词人对杨姝只能相思。

该首《满庭芳》虽未直言所思是何人,但据内容可知,词人所念正是楚馆之人。词中浓浓的思念与深情令读者惋之叹之,相思这种难以言说的复杂情感也带给读者或悲或喜的感触。

醉花阴

试茶

舒亶

露芽[1]初破[2]云腴[3]细。玉纤纤[4]亲试。香雪[5]透金瓶[6],无限仙风[7],月下人微醉。　　相如消渴[8]无佳思。了知[9]君此意。不信老卢郎[10],花底春寒,赢得[11]空无睡。

【注释】

①露芽:茶名,亦作"露牙"。唐李肇《唐国史补》记载:"福州有方山之露牙。"梅尧臣亦有诗句"纤嫩如雀舌,煎烹比露芽"(《和答宣城张主簿遗鸦山茶次其韵》)。

②破:破碎、碎裂。此处指茶叶被水浸润,在茶水中舒展开来。

③云腴:烹茶时产生的蒸腾雾气。

④玉纤纤:洁白纤细的样子,用于形容女子的手。

⑤香雪:白色的花。这里指煮茶所生的香气和白色汤花。

⑥金瓶:指金属盆盂,用于煎茶。蔡襄《茶录》:"瓶要小者,易候汤,又点茶注汤有准。黄金为上,人间以金银铁或瓷石为之。"

⑦仙风：化用卢仝《走笔谢孟谏议寄新茶》的"唯觉两腋习习清风生"。意为喝完茶之后，感觉有仙风产生。

⑧相如消渴：指西汉司马相如有消渴疾，《史记·司马相如传》："相如口吃而善书，常有渴疾。与卓氏婚，饶于财。其进仕宦。未尝肯与公卿国家之事。称疾闲居，不慕公官爵。"病渴：即消渴疾，中医学病名。

⑨了知：明知，领悟。

⑩老卢郎：指卢仝。卢仝是唐代诗人，卢照邻的后代，自号玉川子，极好饮茶。曾作咏茶名诗《走笔谢孟谏议寄新茶》，传诵千年，脍炙人口。

⑪赢得：落得，剩得。

【赏析】

舒亶(1041—1103)，字信道，号懒堂，亦号亦乐居士，慈溪(今浙江余姚)人。治平二年(1065)考取状元，曾参与弹劾苏轼的"乌台诗案"。现存赵万里所辑《舒学士词》。

醉花阴，词牌名，双调五十二字，又名九日。

舒亶的词多写词题词序，且题序的纪实性较强。此词有词题"试茶"，试茶即为品茶，二字道出该词的主题，即是品茶之后表达对茶的称颂。词的第一句即开门见山地说出所品所赞之茶——露芽：一位年轻女子正用她那纤细洁白的双手煮茶，看那露芽茶的茶叶在水中慢慢舒展，茶水蒸腾起微微轻烟。"露芽"又名"露牙"，是"方山露芽"的省称，茶叶的一种。方山露芽是福建最早的贡茶，自唐至清，许多诗人词人都称咏过该茶，历代帝王也甚是喜爱，其中以宋徽宗尤甚。陆羽《茶经》记载："岭南，福州，生闽方山山阴县也，往往得之，其味甚佳。"但明万历年间，由于番薯的大量种植，导致茶叶的产量锐减；直至清末，方山露芽彻底消失。词上片的后三句则写出茶的味、色及饮茶后的感受：茶水散发出浓浓茶香，白色的汤花在这精美的瓶子中漂浮跃动，明亮的月光之下，喝一杯露芽茶，感觉似有无尽的仙风产生，此情此景，让人沉醉其中。此句化用了卢仝《走笔谢孟谏议寄新茶》中的"七碗吃不得也，唯觉两腋习习清风生，蓬莱山，在何处"，原诗本意是当喝到第七碗茶时，便感到两腋生风，想乘着这清风回到蓬莱山去。"仙风"即是对诗句的化用，意在说明喝茶之后那种飘飘欲仙的感受。"香"、"雪"二字虽是极简，却形象地传达出茶水散发的香味和茶汤的鲜白色泽。

词的下片亦是活用典故，两个典故的灵活运用，不仅说出茶的两种功能，也道出饮茶的乐趣。先是借用相如有消渴疾这一事典，告诉我们饮茶可以缓解消渴疾这一医学功用；接着再化用卢仝之典，生动说明饮茶有消困提神之效。卢仝极为好茶，诗风奇诡，他的《走笔谢孟谏议寄新茶》可谓咏茶诗中的经典，常常为后人征引。这首咏茶名篇诠释了卢仝对茶的热爱和熟悉，在日本亦广为流传唱诵，可与陆羽《茶经》媲美，卢仝本人也被敬为"茶仙"。词中最后三句写道：我本来是不相信卢仝的，在这还稍有寒意的春季，于花底下饮下露芽茶，最后却落得睡意全无。这三句甚是有趣，词人本来不相信卢仝所说的茶能解困一说，但饮下露芽茶之后，想睡却睡不着了，这种无奈实在有趣。在结尾处，"赢得"二字既道出无奈之感，亦给人留下许多想象空间，可细细咀嚼，回味悠长。

该首咏茶词不仅称颂了露芽茶的美妙，同时还极力赞美了茶的功效。此词活用典故，巧化前人诗句，给全词增添许多雅趣，词的结尾更是韵味十足，耐人寻味。

菩萨蛮

湖心寺席上赋茶词①

舒亶

金船②满引③人微醉，红绡④笼⑤烛催归骑。香泛雪⑥盈杯，云龙⑦疑梦回⑧。　　不辞⑨风满腋⑩，旧是仙家客。坐得⑪夜无眠，南窗衾枕⑫寒。

【注释】

①湖心寺：又名佑济寺、十方禅院，原名水陆冥道院，始建于北宋治平年间(1064—1067)，因建于月湖(浙江宁波，又名西湖)中心，故称湖心寺。

②金船：一种金质的盛酒器。庾信有诗言："玉节调笙管，金船代酒卮。"(《北园新斋成应赵王教》)

③满引：斟满饮尽，指饮酒很多。

④绡：薄的生丝织品。郑玄所注《礼记》中有"绡，绮属也"，李善所注《文选》中亦有"绡，轻縠也"。红绡：指红色的薄绸。

⑤笼：笼罩，遮掩。

⑥雪：这里指烹茶时泛起的白色乳花。宋代盛行点茶法，即将茶放在茶盏里，先加入开水搅匀，再注入开水用茶筅反复打击，产生泡沫后饮用，这种泡沫即为乳花，亦称汤花。

⑦云龙：即宋代贡茶密云龙。

⑧梦回：从梦中醒来。

⑨不辞：不辞让，不推辞。

⑩风满腋：与下句中的仙家客，化用卢仝《走笔谢孟谏议寄新茶》的"七碗吃不得也，唯觉两腋习习清风生"。详解见苏轼《行香子·茶词》(绮席才终)注释⑪。

⑪坐得：《历代诗余》作"空得"，意思是落得。

⑫南窗：本意是向南的窗子，但因窗子多向南，故亦泛指窗子。衾枕：被子和枕头，泛指卧具。

【赏析】

菩萨蛮，原为唐教坊曲名，后为词牌名，双调四十四字，又名重迭金、子夜歌等。

与上首咏茶词一样，这首词亦有题序，题序中点明了地点、环境和词的主题。该词也是一首咏茶词，是在湖心寺上的一场筵席中所作。

这是一场盛大的酒宴，大家都喝多了，我又倒了满满一杯好酒饮尽，感到微微有些醉意了。看到用红色薄绸笼住的灯笼，这是在催促我们回家吧。词上片的开篇前两句即点明这是在一次热闹的筵席上，因为有些喝醉了，喝茶为了在回家之前消解酒意。第三、四句则告诉我们所饮之茶，并且写出茶水的形状和饮茶后的感受。闻着这袭人的茶香，看到雪白的乳花浮于杯中，饮下这一满杯密云龙，感觉像是刚刚从梦中醒来似的。"疑梦回"三字写出饮茶之后不甚真实的感受，同时也称赞了密云龙解酒的极好功效，与下片“不辞风满腋，旧是仙家客”相联系，有承上启下之用。

词的下片第一、二句化用咏茶名句“七碗吃不得也，唯觉两腋习习清风生，蓬莱山，在何处？玉川子乘此清风欲归去”，蓬莱山是海上仙山，为仙人所居，诗人卢仝（号玉川子）自诩为被贬谪的仙人，想借七碗茶所生的清风返回蓬莱山。词中的“风满腋”、“仙家客”都是源自这首《走笔谢孟谏议寄新茶》，意思是：卢仝之所以不推拒饮茶所产生的两腋生风的感觉，反而想借这清风返至蓬莱山，是因为他原本就是蓬莱的仙人。最后两句则写了由于饮茶稍多，导致夜深无眠。我怎么也饮下了这么多的茶，落得这到了深夜也无法入睡的结果；或许不是茶的原因，而是因为靠窗的床和被子都过于寒凉了吧。这两句不仅生动形象地说明了茶能消酒解困的功用，同时让读者产生联翩的浮想：若不是茶导致了夜深无眠，那会是什么原因呢？仅仅是被子不够暖和吗？会不会是因为形单影只，孤独寂寞？又或是仕途不顺，情感困惑？词人于词的最后添上看似为茶“解脱罪名”的两句，给整首词延长了联想的长度，拓宽了想象的空间，增添了词的韵味。

词中对典故的运用信手拈来，灵活巧妙，结尾的处理亦可看出词人对词句与情感的熟练掌控。整首词读来流转自然，衔接紧密，不仅句与句之间有不可割断的联系，上、下片之间也有可承接的内涵。

满庭芳

茶

黄庭坚

北苑[①]春风[②],方圭圆璧[③],万里名动京关[④]。碎身粉骨[⑤],功合上凌烟[⑥]。尊俎[⑦]风流战胜,降春睡[⑧]、开拓[⑨]愁边。纤纤捧[⑩],研膏[⑪]溅乳[⑫],金缕[⑬]鹧鸪斑[⑭]。　相如、虽病渴[⑮],一觞一咏,宾有群贤[⑯]。为扶起灯前,醉玉颓山[⑰]。搜搅胸中万卷[⑱],还倾动、三峡词源[⑲]。归来晚,文君[⑳]未寝,相对小窗前。

【注释】

①北苑:宋代名茶产地,位于福建建宁(今建瓯)。胡仔《苕溪渔隐丛话》:"北苑乃龙焙,每岁造贡茶之处。"熊蕃《宣和北苑贡茶录》:"五代之季,建属南唐,岁率诸县民采茶北苑。"赵汝砺《北苑别录》:"厥今,茶自北苑上者,独冠天下,非人间所可得也。"宋太宗时北苑为贡茶"龙图、鹰爪"的产地。参见苏轼《西江月·茶词》(龙焙今年绝品)注释①。

②春风:指茶。蔡襄《北苑焙新茶诗》序:"北苑发早而味尤

佳，社前十五日，即采其牙。”社：春社，是最为古老的汉族传统民俗节日之一，一般为立春后的第五个戊日。“春风”即指春社前所采之茶。山谷诗《谢送碾壑源拣芽》有句“春风饱识大官羊，不惯腐儒汤饼肠”，陆游《余邦英惠小山新芽作小诗以谢》亦有诗句“谁遣春风入牙颊，诗成忽带小山香”。

③方圭圆璧：指北苑茶，方圭、圆璧都是形容茶的形状，其形有圆如月亮（蟾蜍）的团茶，也有似圭的块茶。范仲淹《和章岷从事茶歌》云：“研膏焙乳有雅制，方中圭分园中蟾。北苑将期献天子，林下雄豪先斗美。”

④京关：京都，国都。

⑤碎身粉骨：即粉身碎骨，此处指制茶时，要先将茶叶碾为末状，再加入其他，制成茶饼。

⑥凌烟：凌烟阁的省称，唐朝为表彰功臣而建的高阁，阁内绘有功臣图像。杜甫《丹青引赠曹将军霸》云：“凌烟功臣少颜色，将军下笔开生面。”叶适《晋元帝庙记》记载：“汉唐陋矣，其殊勋盛烈，亦纪官爵，图形貌，有麒麟、云台、凌烟之目，夸其得意。”

⑦尊俎：尊，古盛酒器，用作祭祀或宴享的礼器；俎，古代祭祀、宴飨时放置牲体或其他食物的礼器。尊俎：古代盛酒肉的器皿，《礼记》中有：“铺筵席，陈尊俎。”这里的尊俎指的是盛茶的器皿。

⑧降：降服，驯服。此处指茶能消困。晋张华《博物志》：“饮真茶，令人少眠睡。”

⑨开拓：扩大、扩充。

⑩纤纤捧：纤纤：形容女子手之柔美。纤纤捧：对女子柔美之手的美称。

⑪膏：指茶膏，代指茶。宋《清异录》有：“得建州茶膏，取得耐

重儿八枚，胶以金缕，献于闽王曦。”研膏：即研茶。赵汝砺《北苑别录·研茶》：“研茶之具，以柯为杵，以瓦为盆，分团酌水……每水研之必至于水干茶熟而后已。”

⑫溅乳：沏茶时激起的汤花。乳：指茶水洁白如乳。

⑬金缕：金丝，指茶饼上所缕的金花，极言茶饼包装的华贵。欧阳修《归田录》：“庆历中，蔡君谟为福建路转运使，始造小片龙茶以进。其品绝精，谓之小团……而茶不可得，每因南郊致齐，中书、枢密院各赐一饼……宫人往往缕金花于其上，盖其贵重如此。”

⑭鹧鸪斑：一曰茶盏名，福建特制的一种茶碗，上面有鹧鸪斑点的花纹；一曰形似鹧鸪斑点的花纹。此处应指沏茶时茶面呈现的如鹧鸪斑的花纹痕迹。宋杨万里《陈蹇叔郎中出闽漕别送新茶李圣俞郎中出手分似》诗：“鹧斑椀面云萦宇，兔褐瓯心雪作泓。”

⑮相如、虽病渴：司马相如有消渴疾，详解见舒亶《醉花阴·试茶》(露芽初破云腴细)注释⑧。

⑯一觞一咏，宾有群贤：此句化用王羲之《兰亭集序》：“群贤毕至，少长咸集……虽无丝竹管乐之盛，一觞一咏，亦足以畅叙幽情。”一觞一咏：指饮酒赋诗。群贤：指众多德才兼备的人。

⑰醉玉颓山：形容男子风姿挺秀，酒后醉倒的风采。词出于南朝刘义庆《世说新语》：“嵇叔夜之为人也，岩岩若孤松之独立；其醉也，傀俄若玉山之将崩。”此处用于形容饮茶之人畅怀酣饮。

⑱搜搅：扰动，搅动。山谷《谢送碾壑源拣芽》另有诗句：“搜搅十年灯火读，令我胸中书传香。”胸中万卷：化用卢仝《走笔谢孟谏议寄新茶》有“三碗搜枯肠，唯有文字五千卷”。

⑲三峡词源：比喻文思泉涌，如三峡急流，此句化用杜甫《醉

歌行》:"词源倒流三峡水,笔阵横扫千人军。"

⑳文君:指卓文君,汉卓王孙之女,有才学。据《史记·司马相如列传》记载,文君寡居,后与司马相如结婚。

【赏析】

黄庭坚(1045—1105),字鲁直,号山谷道人,晚号涪翁,洪州分宁(今江西修水县)人。北宋著名书法家、文学家,生前与苏轼齐名,与张耒、晁补之、秦观并称"苏门四学士",为江西诗派开山之祖,今有《山谷词》存世。他一生好茶,深得饮茶之道,是第一位大量写咏茶词的文人,对茶词有开拓之功。

该词为咏茶名篇,上片写尽茶的姿态、功效和风韵,开门见山,前三句就极力夸赞北苑茶的珍贵。"北苑春风,方圭圆璧,万里名动京关",首句从茶的产地着笔,接着以茶的形状和声名来写北宋茶的名贵:北苑位于福建建州,那里所产的社前茶,经过繁杂工序后制成十分精致的北苑茶茶饼。北苑茶美名远播,其声名可惊动远在万里之外的京都汴梁(又称汴京,今河南开封)。"碎身粉骨"将茶拟人,指茶在制成茶饼之前要经过碾碎等多道工序,堪比人之"粉身碎骨";"功合上凌烟"将茶比作凌烟阁上的功臣,指北苑茶有如凌烟阁上的功臣,都功于社稷,必将流芳百世;此句咏茶同时未忘咏人。"尊俎风流战胜"是倒装句,为"战胜风流尊俎"之倒,与后一句"降春睡、开拓愁边"都是写茶的功效,"战胜"、"降"、"开拓"字义与上句凌烟阁功臣相契合,谓茶可清神醒脑,能解酒驱困。"纤纤捧,研膏溅乳,金缕鹧鸪斑"写女子用纤纤玉手捧着精美的茶盏,在身旁研茶沏水,茶面上的花乳在盏内翻滚,形成像鹧鸪斑那样的点点花纹。鹧鸪鸟的羽毛是紫赤相间的条纹,胸部散缀着圆白点的羽毛。有好茶相随,美人相伴,此等雅事，风流之至。

下片则写词人广邀好友，饮茶赋诗。“相如、虽病渴，一觞一咏，宾有群贤”，写词人与群贤好友一起品茗赋诗，却以司马相如之事开篇。茶可缓解消渴疾，故以“相如病渴”引出后文，紧接着写词人酒宴贤才好友，与众贤一起赋诗品茗。后“为扶起灯前，醉玉颓山。搜搅胸中万卷，还倾动、三峡词源”几句，字面上承接上句，写司马相如酒后风流倜傥之貌和堪比五车之学才；实则暗写宾客们酣饮好茶，比才赋诗，可谓学力深厚，才思敏捷。最后一句，再次提及司马相如，写相如与卓文君的风流韵事：相如因为赋诗饮酒，归时已晚，回家之时看到文君也并未入睡，便与文君相对而坐于窗前。明写相如文君，实则说明词人与群贤的茶会就此结束。下片有明暗二线，连化四个典故：“一觞一咏，宾有群贤”，化用王羲之《兰亭集序》；“醉玉颓山”，化用《世说新语》中嵇康之典；“搜搅胸中万卷”，化用卢仝《走笔谢孟谏议寄新茶》之典；“还倾动、三峡词源”，化用杜甫《醉歌行》之典。四个典故的连用，可谓“无一字无来处”，最后又写到卓文君，与相如呼应，明写他们无尽温馨的风流情事，暗为词人的茶会作结，全词明暗二线也就此合一。

该词虽为咏茶词，却不见一“茶”字，全词以“茶”为中心，结合古今典故，可谓笔力极致，特别是下片借司马相如之事，合明暗二线，咏茶咏人皆毫不逊色。

【集评】

吴曾《能改斋漫录》卷十七：“山谷少时，尝作茶词，寄调《满庭芳》云：‘北苑龙团……’其后增损前词，止咏建茶云：‘北苑春风……’辞意益工也。”

踏莎行

黄庭坚

画鼓[①]催春，蛮歌[②]走饷[③]。雨前[④]一焙[⑤]谁争长[⑥]。低株摘尽到高株，株株别是闽溪样[⑦]。　　碾破[⑧]春风[⑨]，香凝午帐。银瓶[⑩]雪滚翻成浪。今宵无睡酒醒时，摩围[⑪]影在秋江上。

【注释】

①画鼓：有彩绘的鼓。

②蛮歌：南方少数民族之歌。古时称西南少数民族为蛮夷，当地所唱的歌曲称为蛮歌。

③饷：给在田间里劳动的人送饭。

④雨前：绿茶的一种，用谷雨前采摘的细嫩芽尖制成。谷雨，即二十四节气中的第六个节气，是春季的最后一个节气，为每年的四月二十日。

⑤焙：微火烘烤。卢仝《走笔谢孟谏议寄新茶》有："摘鲜焙芳旋封裹，至精至好且不奢。"

⑥争长(zhǎng)：即争霸。唐魏征有《赋西汉》诗："受降临轵

道，争长趣鸿门。”

⑦闽溪：即建溪，福建闽江的北源，流经武夷山茶区。张舜民《画墁录》有：“迨至本朝，建溪独盛，采焙制作，前世所未有也。”建溪产有建溪贡茶，即龙团凤饼。

⑧碾破：将茶碾碎。详解见黄庭坚《满庭芳·茶》（北苑春风）注释⑤。

⑨春风：指茶。详解见黄庭坚《满庭芳·茶》（北苑春风）注释②。

⑩银瓶：银质的瓶，常指酒器，此指盛茶的茶具。宋徽宗《大观茶论》：“缾（同‘瓶’）宜金银，小大之制，惟所裁给。”

⑪摩围：指摩围山，在黔州。

【赏析】

踏莎行，词牌名，双调五十八字，又名柳长青、喜朝天、踏雪行等。

这首词应是作于绍圣三年（1096）或绍圣四年（1097）时期，此时黄庭坚被贬于黔州，居住在摩围阁。词的上片生动地记录了黔州地区少数民族的采茶制茶风俗，下片则抒发作者内心对茶的喜爱。

上片第一、二句从听觉入笔，形象生动地展现了采茶时的热闹景象：敲响画鼓，催促春茶赶紧醒来；唱着民歌，走在田间为采茶人送去饭菜。“画鼓催春”，描绘的是采茶前的开茶仪式。欧阳修《尝新茶呈圣俞》云：“年穷腊尽春欲动，蛰雷未起驱龙蛇。夜闻击鼓满山谷，千人助叫声喊呀。万木寒痴睡不醒，惟有此树先萌芽。”这几句诗中所写的应是同一种意思，即冬季已经过去，可是春雷还未响起，为了催醒春季的芽茶，大家擂响画鼓，模仿春雷的响声。赵汝砺《北苑茶绿》对类似风俗亦有记载:“方其春虫震蛰,群夫雷动,一时之盛,诚为大观。”“蛮”是对西南少数民族的称呼,古代对华夏民族以外的少数民族称为蛮夷,包括南蛮和东夷。南蛮最早见于《礼记》:“中国戎夷,五方之民,皆有性也……东方曰夷……南方曰蛮。”泛指南方少数民族。“蛮歌”则指南方少数民族的民歌。“饷”的本意是给在田间里劳作的人送饭,“走饷”在这里指为采茶的人送去食物。“雨前一焙谁争长”,写人们赶在雨前节前,连忙焙制好茶的情形:大家紧张地焙制茶叶,希望在雨前节之前焙制出好茶,一较高下。后两句则详写采茶的场景:摘完稍矮一些的嫩芽,则伸手去摘那些长在高处的嫩芽,不管长在何处,每一株茶树所摘下的茶叶都像是建溪茶那样。建溪龙团凤饼是宋代贡茶,堪称茶中绝品,词中把所采之茶与建溪茶作比,称赞茶之珍贵。

下片前三句写煎茶时茶的香味和茶水的形态:把春茶碾碎,入水煎之,袭人的茶香弥漫室内,就连帐子上都似乎凝聚了浓浓茶香。再看茶具里的纯白茶水,如水浪般翻滚。这三句从嗅觉和视觉上赞美所咏之茶,“茶色贵白”,“雪”字即极为形象地描绘了茶水的色泽。最后两句“今宵无睡酒醒时,摩围影在秋江上”,化用柳永《雨霖铃》中的“今宵酒醒何处,杨柳岸、晓风残月”,写了饮茶后的感受:今夜酒醒之后无法入睡,看到江面上还有摩围阁的倒影。作者在词的末尾来个一百八十度的大转折,以打诨之法作结,使词境词意得到出其不意的转换和升华。

该词咏茶却从采茶开始写,咏茶之余为我们展开一幅生动热闹的采茶图,又以一意外之句为全词结尾,深化了此词的主题和意境。

阮郎归

黄庭坚

黔中[①]桃李可寻芳[②]，摘茶人自忙。月团犀胯斗圆方[③]，研膏[④]入焙[⑤]香。 青箬[⑥]裹，绛纱囊[⑦]。品[⑧]高闻[⑨]外江[⑩]。酒阑[⑪]传碗舞红裳，都濡[⑫]春味长[⑬]。

【注释】

①黔中：即黔州。战国楚置黔中郡，秦楚战争之后，秦国将楚国的黔中郡和巫郡合并成新的黔中郡，唐改置黔中郡为黔州。

②寻芳：游赏美景。唐姚合《游阳河岸》："寻芳愁路尽，逢景畏人多。"

③月团：指形如圆月的团茶。卢仝《走笔谢孟谏议寄新茶》有："开缄宛见谏议面，手阅月团三百片。"犀胯：古时团茶名，指形似带胯(古时附于腰带上的蹀躞之环)的饼茶。斗：茶之精品。宋黄儒《品茶要录·白合盗叶》："茶之精绝者曰斗，曰亚斗，其次拣芽。"圆方：圆形和方形，都是形容饼茶的形状，有圆如月亮(蟾蜍)的团茶，也有似方圭的块茶。如黄庭坚《满庭芳·茶》(北苑春

风)中的“方圭圆璧”。

④研膏:研磨茶叶成团。宋葛立方《韵语阳秋》卷五:“自建茶入贡,阳羡(地名,盛产茶)不复研膏,只谓之草茶而已。”

⑤焙:泛指烘物之具,特指焙茶的装置或场所。陆羽《茶经》:“焙,凿地深二尺,阔二尺五寸,长一丈,上作短墙,高二尺,泥之。”

⑥青箬:箬竹的叶子。箬竹叶大质薄,常用于裹物。

⑦囊:覆盖,蒙住。

⑧品:等级,等第。

⑨闻:闻名于。

⑩外江:旧称长江以南为外江,也称江外。清方浚师《蕉轩随录》:“寇莱公谓晏元献为外江人。”

⑪酒阑:详解见苏轼《行香子·茶词》(绮席才终)注释③。

⑫都濡:即都濡镇,位于今务川自治县(简称务川县,是贵州遵义市下辖自治县)。《元和郡县志》:“以县西北六十里有都濡水为名也。”

⑬春味长:春味,春茶的滋味;长:犹优,这里指味道好。春味长:指春茶的滋味悠长。唐郑谷《峡中尝茶》:“鹿门病客不归去,酒渴更知春味长。”

【赏析】

这首词是黄庭坚绍圣三年(1096)或绍圣四年(1097)被贬为黔州安置(宋贬谪官,指定地区居住,轻于编管而重于安置)时所作,据词中内容可知,应是作于春季。

“黔中桃李可寻芳,摘茶人自忙”,是对西南少数名族采茶生活的真实写照:在这美丽的春天,游赏于黔中地区,可见桃花李花开遍山野，采茶人正忙碌着采茶。“月团犀胯斗圆方”，写的是制茶情形，谓将茶叶制成如月团和犀胯的饼茶，“斗”字亦极言茶之鲜嫩难得。宋黄儒《品茶要录·白合盗叶》：“茶之精绝者曰斗，曰亚斗，其次拣芽……其造，一火曰斗，二火曰亚斗，不过十数銙而已。”“茶事起于惊蛰前，其采芽如鹰爪，初造曰试焙，又曰一火，其次曰二火。二火之茶，已次一火矣。故市茶芽者，惟同出于三火前者为最佳。”惊蛰是二十四节气的第三个节气，为每年的三月五日或六日。由上文可知，在每年惊蛰之前采下茶叶中最嫩的茶芽，第一批茶芽的烘焙叫做试焙，又称为一火或斗。词中谓“月团”、“犀胯”为“斗”，意思是月团犀胯都是由最嫩的芽茶经一火制成，极言此茶的珍贵鲜美。“研膏入焙香”亦是对制茶的描写，“研膏”指将茶叶研磨成团，放入焙中，用微火烘烤，可以闻到茶的醇香。此二句从茶形、茶味两个方面详细描述了制茶的过程，在称赞茶形茶香的同时，亦点明此茶的珍贵。

词的下片细写了茶的保存和声名远播。“青箬裹，绛纱囊”，春茶在保存时亦十分讲究，要用箬竹的叶子包裹住，还要用红色的纱遮盖住。蔡襄《茶录》记载：“茶宜蒻（通‘箬’）叶而畏香药，喜温燥而忌湿冷。故收藏之家，以蒻叶封裹入焙中。”欧阳修《归田录》亦有记载：“自景祐以后，洪州双井白芽渐盛，近岁制作尤精，囊以红纱。”词中“青箬裹，绛纱囊”说此茶的制作过程繁复，意在说明此茶的精贵。紧接着一句“品高闻外江”，写出该茶的声名之旺：这种茶叶的品级非常高，闻名于长河以南。以茶的盛行侧面点出该茶的可贵之处。最后一句则直接称赞茶味之美：酒宴接近尾声，传来美女为大家舞上一曲，再喝一杯都濡茶，茶的滋味萦绕口中，十分悠长。

词的上片写了黔中地区茶农的采茶和制茶生活，下片则从正面侧面两个角度称赞了都濡茶的珍贵美味。与上首茶词《踏莎行·茶》(画鼓催春)一样，该词也是对西南少数民族茶俗的写照，词中虽无一“茶”字，可句句皆是围绕“茶”展开的，字里行间不难看出作者对茶的熟知和热爱。

阮郎归

效福唐独木桥体作茶词

黄庭坚

烹茶留客驻金鞍①，月斜窗外山。别郎容易见郎难，有人思远山。　　归去后，忆前欢。画屏②金博山③。一杯春露④莫留残，与郎扶玉山⑤。

【注释】

①金鞍：金质的马鞍，这里用金鞍代指骏马。

②画屏：有画饰的屏风。

③博山：博山炉的简称。鲍照《拟行路难》："洛阳名工铸为金博山，千斲复万镂，上刻秦女携手仙。"《西京杂记》记载："长安巧工丁缓者……作九层博山香炉。"金博山：即铜质博山炉。

④露：酒的代称。陆游《老学庵笔记》："禁中供御酒名蔷薇露。"春露，即春酒，这里应指春茶。

⑤玉山：比喻人的品德和仪容优美。南朝刘义庆《世说新语》："嵇叔夜之为人也，岩岩若孤松之独立；其醉也，傀俄若玉山

之将崩。”《晋书》:“见裴叔则,如近玉山照映人也。”

【赏析】

福唐体,又称独木桥体、独韵诗或一字韵诗。即使用同一个韵字作为全篇或一半以上韵脚的词。此首《阮郎归》上片四句四平韵,下片五句四平韵,八韵中有四韵用的是“山”韵,乃仿福唐体所作。

此词亦是黄庭坚的咏茶词,与专咏茶词所不同的是,该词以女子的口吻,在咏茶的同时,缓缓道出了一段颇有茶缘的爱情故事。

词的上片回忆与男子相见时的情景,发出别后的感叹。“烹茶留客驻金鞍”,谓女子烹茶,为挽留过客,希望他能驻马停息。“烹茶”二字,开篇破题。首句即点明情事,紧接着第二句则写出与情郎相会的时间、情景。“月斜窗外山”,当时正是月亮刚出来之时,透过窗子,可以看见月亮好似斜挂在山头。新月初上,古今多少爱情都在这朦胧月色中萌发?能在这月亮之下与有情人相遇相会,真乃人生乐事。后两句从回忆中醒来,回到现实,发出别易见难的感慨。“别郎容易见郎难”,化用南唐李煜《浪淘沙》“别时容易见时难”之句,好似一声长叹,情之所至,却无法相见,无奈只能发出这一声哀叹。“有人”为女子自指,“远山”二字,将词境拉远,女子思念情郎,却被远山阻隔,难怪会有上句如此沉重的哀叹。

“归去后,忆前欢”,情郎离去之后,女子只剩过去的欢愉还可回忆。“画屏金博山”,在精美的屏风后面,掩映的是博山炉冉冉升起的香味。博山,是香炉的一种,常用于表示男女相爱、海誓山盟的痴情。杨万里有《和罗巨济山居十咏》:“共听茅屋雨,添炷博山云。”词中“画屏”、“金博山”都是二人从前欢好的见证,如今再次见到，却只剩一室氤氲，不见情郎。最后一句“春露”，与首句“烹茶”遥相呼应；“莫留残”，本为劝酒所用，这里应是女子劝情郎将清茶饮尽，以解酒醉。“与郎扶玉山”，不仅写女子扶醉酒的情郎，也称赞茶有解酒之用。宋袁文《瓮牖闲评》评：“‘残字’下得虽险，而意思极佳。”此句写出女子手捧茶盏，劝郎饮尽，情意绵绵。茶，既是此时所饮，以解酒之物；亦是与情郎相遇，前欢的见证。女子回忆从前的欢愉，暗指茶之回味甘甜。

该词以茶之意象，融入爱情故事。现实与回忆交融于一体，用时间和情景的错综反复，表现出女子的恍惚和深情，可谓是借茶写情、以情咏茶的极美词作。

【集评】

宋释惠洪《天厨禁脔》卷上：“寒食对月：‘无家对寒食，有泪如金波。斫却月中桂，清光应更多。仳离放红蕊，想象嚬青蛾。牛女漫愁思，秋期犹渡河。’此杜子美诗也。其法颔联虽不拘对偶，疑非声律，然破题引韵已的对矣。谓之偷春格，言如梅花偷春色而先开也。山谷尝用此法作茶词曰：‘烹茶留客……玉山’盖下押四‘山’字，与上‘鞍’‘难’‘残’皆有韵，如是乃知其工也。”

明沈际飞《草堂诗余》四集正集卷一：“一字自相为韵，出于汤铭盘。而韵上日字亦韵。四韵皆山，前四句韵亦叶盘铭之口。”

清沈雄《古今词话》：“山谷《阮郎归》，全用山字为韵。稼轩《柳梢青》全用难字为韵。注云，福唐体，即独木桥体也。竹山效醉翁也字，楚辞些字、兮字，一云骚体即福唐也，究同嚼蜡。”

张德瀛《词征·福唐体》：“福唐体者，即独木桥体也，创自北宋。黄鲁直《阮郎归》用山字，辛稼轩《柳梢青》用难字，赵惜香《瑞鹤仙》用也字，均然。”

西江月

茶

黄庭坚

龙焙[①]头纲[②]春早，谷帘[③]第一泉香。已醺[④]浮蚁[⑤]嫩鹅黄[⑥]。想见[⑦]翻成雪浪[⑧]。　兔褐[⑨]金丝宝碗，松风[⑩]蟹眼[⑪]新汤。无因[⑫]更发次公狂[⑬]。甘露来从仙掌[⑭]。

【注释】

①龙焙：茶名。详解见苏轼《西江月·茶词》（龙焙今年绝品）注释①。

②头纲：纲，旧指成批运输货物的组织；头纲，指惊蛰前或清明前制成的首批贡茶。苏轼《七年九月，自广陵召还……汶公乞诗，乃复用前韵》三首其一："上人问我迟留意，待赐头纲八饼茶。"自注："尚书学士得赐头纲龙茶一斤，八饼，今年纲到最迟。"熊蕃《北苑茶录》："岁分十余纲，惟白茶与胜雪，自惊蛰前兴役，浃日乃成，飞骑疾驰，不出仲春，已至京师，号为头纲。"

③谷帘：泉名。详解见苏轼《西江月·茶词》（龙焙今年绝品）

注释②。

④醺：熏染，浸染。

⑤浮蚁：指酒面上的浮沫。张衡《南都赋》云："醪敷径寸，浮蚁若萍。"刘禹锡《酬乐天衫酒见寄》亦有："动摇浮蚁香浓甚，装束轻鸿意态生。"

⑥嫩鹅黄：原意为像小鹅绒毛的浅黄色，或指鹅黄酒，白朴《梧桐雨》："酒注嫩鹅黄，茶点鹧鸪斑。"这里用来形容茶色。

⑦想见：推想而知。

⑧雪浪：指鲜白的茶水。

⑨兔褐：黄黑色，以其色似褐兔，故名。杨万里《丁酉初春和张钦夫榕溪阁五言》："愿携龙文璧，去瀹兔褐瓯。"蔡襄《茶录·论器》："茶色白，宜黑盏，建安所造者绀黑，纹如兔毫，其坯微厚，熁之久热难冷，最为要用。出他处者，或薄或色紫，皆不及也。"

⑩松风：煮茶时茶水沸腾的声音。苏轼《试院煎茶》："蟹眼已过鱼眼生，飕飕欲作松风鸣。"

⑪蟹眼：螃蟹的眼睛，比喻茶水初沸时泛起的小气泡。宋庞元英《谈薮》："俗以汤之未滚者为盲汤，初滚者曰蟹眼，渐大者曰鱼眼，其未滚者无眼，所语盲也。"

⑫无因：无故，无端。

⑬次公狂：次公，汉盖宽饶之字，据《汉书·盖宽饶传》记载："平恩侯许伯入第……许伯自酌曰：'盖君后至。'宽饶曰：'无多酌我，我乃酒狂。'丞相魏侯笑曰：'次公醒而狂，何必酒也？'"苏轼《赠孙莘老七绝》："时复中之徐邈圣，毋多酌我次公狂。"

⑭仙掌：汉武帝为求仙，在建章宫神明台上造铜仙，舒掌捧铜盘玉杯，以承接天上的仙露，后称承露金人为仙掌。《史记·孝

武本纪》记载:“其后则又作柏梁、铜柱,承露仙人掌之属矣。”

【赏析】

词的开篇以“头纲”、“第一”二词直接赞美了茶之贵、水之优,与苏轼《西江月·茶词》的首句“龙焙今年绝品,谷帘自古珍泉”有异曲同工之妙。“龙焙头纲”,指首批运往京城的龙焙贡茶。龙焙茶产于福建北苑,宋子安《东溪试茶录·采茶》有:“建溪茶比他郡最先。”可见此茶的鲜美难得。“春早”即早春,说明这首批贡茶是在早春时运往京城的。其后又点明煮茶之水乃是天下第一泉之庐山谷帘泉。宋代盛行斗茶,所斗之茶以“新”为贵,斗茶之水以“活”为上;早春的首批贡茶,可见茶之“新”;第一活水的谷帘泉,可见水之“活”。“已醺浮蚁嫩鹅黄。想见翻成雪浪”,意思是龙焙茶把茶面的汤沫浸染成了鹅黄色,可见杯中茶水翻滚出的白色水浪。此二句用写酒之词形容龙焙茶煮茶时的情形,极力称赞茶、水的可贵。

词的下片从茶盏着笔,“兔褐”以褐兔毛色形容茶盏的颜色,“金丝”形容盏底的条纹,“兔褐金丝宝碗”指黄黑无光的茶盏兔毫盏。宋代斗茶多用黑瓷茶具,此茶具产于浙江、四川、福建等地,其中以福建的建窑盏最为斗茶人所喜,即“建盏”,因盏色黑紫,又名“黑建”、“紫建”或“乌泥建”。兔毫盏是建盏中的精品,其釉色黑青,底部有放射状条纹。用兔毫盏点茶,黑白相映,便于观察茶面的汤花泡沫,可谓名噪一时。第二句“松风”、“蟹眼”用比喻手法形容煮茶之声和煮茶之形。苏轼《试院煎茶》有诗句:“蟹眼已过鱼眼生,飕飕欲作松风鸣。”《辞源》的解释是:“初滚为蟹眼,泡渐大为鱼眼。”陆羽《茶经》亦有:“其江水,取去人远者。井取汲多者。其沸如鱼目,微有声为一沸,缘边如涌泉连珠为二沸,腾波鼓浪为三沸,已上水老不可食也。”对“鱼目”的概念虽稍有不同,但可知“鱼目”、“蟹眼”都是形容茶水沸时的形状。俗语有“开水不响,响水不开”,水在烧开的过程中会有水声产生,有如松风的飕飕作响。“无因更发次公狂。甘露来从仙掌”,此二句突作谐虐,用次公喝酒发狂的典故,说明不用担心会像次公一样喝酒发狂了,因为这茶实在是很好的,不仅味道极好,解酒的功能也是极为有效的,就像是来自天上的甘露。

该词运用比喻、用典等修辞手法,依次赞美茶极好、水极好、盏极好、煎茶之声也是极好,结尾处看似转折,实则却紧扣咏茶主旨,从侧面赞美茶的可贵与美味。

满庭芳

咏茶

黄庭坚

北苑龙团[①],江南鹰爪[②],万里名动京关[③]。碾深罗细,琼蕊[④]暖生烟,一种风流气味,如甘露、不染尘凡。纤纤捧[⑤],冰瓷莹玉,金缕鹧鸪斑[⑥]。　相如,方病酒,银瓶[⑦]蟹眼[⑧],波怒涛翻。为扶起,尊前[⑨]醉玉颓山[⑩]。饮罢风生两腋[⑪],醒魂到、明月轮边。归来晚,文君[⑫]未寝,相对小窗前。

【注释】

①北苑龙团:茶名。北苑,详解见黄庭坚《满庭芳·茶》(北苑春风)注释①;龙团,详解见李之仪《满庭芳·花陌千条》注释⑨。

②江南:长江以南的地区,这里应指北苑龙团的故乡福建。鹰爪:嫩茶,因形似鹰爪而名。宋顾文荐《负暄杂录·检查品第》:"凡茶芽数品,最上曰小芽,如雀舌、鹰爪,以其劲直纤锐,故号芽茶。"

③京关:京都。

④琼蕊：玉英、玉花。“茶色贵白”（蔡襄《茶录》），所以这里将茶比作琼蕊。

⑤纤纤捧：详解见黄庭坚《满庭芳·茶》（北苑春风）注释⑩。

⑥金缕鹧鸪斑：详解见黄庭坚《踏莎行》（画鼓催春）注释⑬、⑭。

⑦银瓶：详解见黄庭坚《踏莎行》（画鼓催春）注释⑩。

⑧蟹眼：详解见黄庭坚《西江月·茶》（龙焙头纲春早）注释⑪。

⑨尊前：尊，盛酒器，同“罇”、“樽”。樽前，在酒樽之前，指酒筵上。

⑩醉玉颓山：详解见黄庭坚《满庭芳·茶》（北苑春风）注释⑰。

⑪风生两腋：化用卢仝《走笔谢孟谏议寄新茶》的“七碗吃不得，唯觉两腋习习清风生”。详解见苏轼《行香子·茶词》（绮席才终）注释⑪。

⑫文君：详解见黄庭坚《满庭芳·茶》（北苑春风）注释⑳。

【赏析】

吴曾《能改斋漫录》卷十七云：“山谷少时，尝作茶词，寄调《满庭芳》云：‘北苑龙团……’其后增损前词，止咏建茶云：‘北苑春风……’辞意益工也。”此首茶词是黄庭坚在同调茶词《满庭芳·茶》（北苑春风）的基础上经过多次推敲改动而成。该词亦是称赞贡茶北苑龙团。

上片开篇三句，直接点明龙团茶的声名远播。北苑龙团茶，是产于福建建安的嫩茶，名动万里，可谓无人不知无人不晓。接着写细碾茶叶，将龙团茶放入茶盏中泡好，茶水有着像玉英一样的洁白颜色,茶水所升起的暖烟萦绕周围,宛如另一个温暖的世界,独有一种风味。“碾深罗细,琼蕊暖生烟”,极言茶末的精美洁白。“琼蕊暖生烟”乃是化用唐李商隐《无题》中的“蓝田日暖玉生烟”之句,宋王应麟《困学纪闻·评诗》评曰:“司空表圣云:‘戴容州叔伦谓:诗家之景,如蓝田日暖,良玉生烟,可望而不可置于眉睫之前也。’李义山‘玉生烟’之句盖本于此。”“如甘露、不染纤尘凡”,指茶香如不染纤尘的甘露般香美,茶味也如饮甘露般回味甘甜。“不染尘凡”,即是作者对茶香茶味的感受,也是作者内心对茶的定位,茶并非俗物,是不染尘俗的灵物。有年轻美貌的女子侍奉在酒筵之上,她们用纤纤玉手为我们沏茶点茶,茶水如冰、瓷般雪白,如玉般光洁通透,茶面上有着形似鹧鸪斑点一样的乳花。这是一场十分风雅的酒宴,有酒有茶有美人,情趣情志俱在其中。

下片连用三个典故,一为司马相如之典,以相如的才华暗喻自己和酒宴上其他宾客;二为《世说新语》嵇康之典,以嵇康的优美醉态比喻众人的风流倜傥,并写以茶解酒,强调茶的解酒功效;三化用卢仝《走笔谢孟谏议寄新茶》:“七碗吃不得也,唯觉两腋习习清风生。蓬莱山,在何处?玉川子乘此清风欲归去。”写饮茶后身心舒适、飘飘欲仙的感觉。最后以卓文君呼应司马相如,结束全词。典故的连用增强了词的韵味,犹如茶的回味,令人心生向往。

该词上片从茶形、茶水、茶色和茶味几个方面直接赞美龙团茶,下片以“茶”为中心,贯穿古今几个典故,间接称赞龙团茶的珍贵。与另首《满庭芳·茶》(北苑春风)虽大体相同,然词句推敲更为精妙,茶之形象更显灵动脱俗。尤其“一种风流气味,如甘露、不染尘凡”之句，将茶的回味与韵味融为一体；“冰瓷莹玉”亦比之“研膏溅乳”更是生动形象、赏心悦目。沈雄在《古今词话》中评论道：“‘北苑龙团，江南鹰爪……金缕鹤鸽斑。’旧词‘北苑春风，方圭圆璧’，虽用故实，而多庸腐，即苦心作‘碎身粉骨，功合上凌烟’，亦是小家气象。惟‘尊俎风流战胜，降春睡、开拓愁边’一语差当。而‘熬波溅乳’，实不及‘冰瓷莹玉’更为落句地也。况后段又用‘搜揽胸中万卷，还倾动、三峡词源’乎？”可见比之前首同调咏茶词，此词更是不可多得的咏茶佳作。

阮郎归

茶词

黄庭坚

摘山[①]初制小龙团[②],色和香味全。碾声[③]初断夜将阑,烹时鹤避烟。　消滞思[④],解[⑤]尘烦[⑥]。金瓯[⑦]雪浪[⑧]翻。只愁啜罢水流天,余清[⑨]搅夜眠。

【注释】

①摘山:指采茶。《新唐书·刘建锋传》:"民得自摘山,收茗算,募高户置邸阁居茗。"

②小龙团:小片印有龙纹的团茶,宋朝建安贡茶。详解见李之仪《满庭芳》(花陌千条)注释⑨。

③碾声:碾茶时发出的声响。

④滞思:滞想,凝聚心头的想念思念。晋陆机《叹逝赋》:"幽情发而成绪,滞思叩而兴端。"唐韦应物《慈恩伽蓝清会》:"蔬食遵道侣,泊怀遣滞想。"

⑤解:免除,消除。

⑥尘烦：人世间的烦恼。唐韦应物《喜园中茶生》："洁性不可污，为饮涤尘烦。"

⑦金瓯：犹金瓶，金属盆盂。详解见舒亶《醉花阴·试茶》(露芽初破云腴细)注释⑥。

⑧雪浪：鲜白茶水。

⑨余清：余留的清凉之气。这里指饮茶后余留在口中的清凉之味。

【赏析】

这首茶词是称赞贡茶小龙团的。词的上片第一、二句即开门见山地指出此茶的绝妙：用初春采下的第一批芽茶制成的小龙团，其茶色和茶香，都是十分完美的。初制，指首批制成的茶叶，一般是用初春最嫩的芽茶制成，味道鲜美。第三句则指出制茶的时间是在深夜：把茶叶碾碎，碾茶之声音刚刚停止的时候，正是夜晚即将过去的时候。"阑"意为将尽将完，"夜将阑"指夜晚即将过去，表示时间很晚。最后一句"烹时鹤避烟"化用宋魏野《书友人屋壁》的诗句。全诗为："达人轻禄位，居住傍林泉。洗砚鱼吞墨，烹茶鹤避烟。娴惟歌圣代，老不恨流年。静想闲来者，还应我最偏。"全诗表达了诗人不逐名利，心境偏远，远离尘俗的高洁。其颔联"洗砚鱼吞墨，烹茶鹤避烟"，写到泉边洗砚，吸引鱼儿争先恐后地吞咽墨水，点火煮茶，熏得旁边的鹤都连忙躲开；以两个动词"吞"、"避"，将诗人的生活展现得活灵活现。词中化用的即是该诗颔联的第二句"烹茶鹤避烟"，表现了作者煮茶弄鹤的闲情雅致。

下片仅仅二十三个字，就将饮茶的意境描绘得淋漓尽致。首句着力于茶之功效：饮茶之后，可以消除身心的阻滞，解却世间的烦恼。滞思原指思想上的凝滞，在这里不仅指思想上的，亦可指身体上的，说明茶的好处，可以消除身心的疲劳，让人忘却这世间的诸多烦恼。紧接着一句又转而细描煮茶之状：鲜白的茶水在金瓶中如水浪般翻滚。第四句化用苏轼诗句，“水流天”化用五言排律《宿余杭法喜寺，寺后绿野堂，望吴兴诸山，怀孙莘老学士》“水流天不尽，人远思何穷”，意在表达饮茶后感觉心胸阔达的精神现象。最后一句承接上句“只愁”，看似是“愁”，实则是写茶的功效：意思是喝茶虽好，但唯独是担心喝完之后，茶之甘甜清凉之味余留于口中，令人夜不能寐，点出了茶的提神醒脑的功效。

这首茶词巧用典故，作者对饮茶的讲究十分精细雅致，在饮茶咏茶之余，可见作者生活的清闲与优渥。

看花回

茶词

黄庭坚

夜永[1]兰堂[2]醺饮[3],半倚颓玉[4]。烂熳[5]坠钿堕履,是醉时风景,花暗烛残,欢意未阑,舞燕[6]歌珠[7]成断续。催茗饮[8]、旋煮寒泉[9],露井[10]瓶窦[11]响飞瀑[12]。　纤指[13]缓、连环[14]动触。渐泛起、满瓯银粟[15]。香引春风[16]在手,似粤岭闽溪,初采盈掬[17]。暗想当时,探春连云[18]寻篁竹[19]。怎归得,鬓将老,付与杯中绿[20]。

【注释】

①夜永:即永夜,指夜长、夜深。唐戴叔伦《白苎词》:"美人不眠怜夜永,起舞亭亭乱花影。"

②兰堂:厅堂的美称,指芳洁的厅堂。《文选·南都赋》:"揖让而升,宴于兰堂。"

③醺饮:醉饮,畅饮。

④颓玉:即醉玉颓山,形容醉后的体态如玉山倾倒,亦是对醉人的美称。详解见《满庭芳·茶》(北苑春风)注释⑰。

⑤烂熳：亦作烂漫、烂缦，形容杂乱繁多的样子。《庄子·在宥》："大德不同而性命烂熳矣。"成玄英注疏："烂熳，散乱也。"

⑥舞燕：即燕舞，指筵席中的舞蹈。

⑦歌珠：形容圆润如珠的歌声。唐卢邺《和李尚书命妓饯崔侍御》："何郎载酒别贤侯，更吐歌珠宴庾楼。"

⑧茗饮：饮茶。陆游《初夏昼眠》："晚窗思茗饮，自取雪芽煎。"

⑨寒泉：清冽的泉水或井水。晋左思《招隐诗》："前有寒泉井，聊可莹心神。"

⑩露井：原指没有覆盖的井，这里指煮茶时没有盖的茶瓶。

⑪窦：孔穴，洞。这里指瓶口。唐韩愈《射训狐》："枭惊堕梁蛇走窦，一夫斩颈群雏枯。"

⑫飞瀑：即瀑布，因其势飞流而下而称。

⑬纤指：柔细的手指，多指女子的手。

⑭连环：原指连结成串的玉环，比喻连续不断。

⑮银粟：粟，谷物名，未去皮壳者为粟，已去糠者为米。银粟，比喻浮在茶水表面上的白色泡沫。黄庭坚《以小龙团及半挺赠无咎并诗》："赤铜茗椀雨斑斑，银粟翻光解破颜。"陆游《十一月上七日蔬饭骡岭小店》："建溪小春初出碾，一碗细乳浮银粟。"

⑯春风：指茶。详解见黄庭坚《满庭芳·茶》（北苑春风）注释②。

⑰盈掬：亦作"盈匊"，两手合捧曰匊，意为满捧。杜甫《佳人》："摘花不插鬓，采柏动盈掬。"

⑱连云：与天空之云相连，形容高远，众多。《文选·秋兴赋》："高阁连云，阳景罕曜。"

⑲篁竹：竹丛。《汉书·严助传》："臣闻闵非有城郭邑里也，处溪谷之间，篁竹之中。"

⑳杯中绿：亦作"杯中醁"、"杯中渌"，指美酒。这里指茶。

【赏析】

此词作于黄庭坚中年宦游在外之时，体现了筵席的奢华。上片铺陈酒宴醉饮，催茗解酒；下片则写煮茶饮茶，以及发出由饮茶引出的人生易老的感慨。

上片开头几句就展现了酒宴的繁华热闹：夜已经深了，厅堂里的酒宴还未结束，宾客们都喝得醉醺醺的，身子半靠在座位边的桌案上，姿态相当优美。掉落在地上的首饰和随处散落的鞋子十分杂乱，这正是众人醉酒后的情景，看那原本鲜美的花儿黯淡了下来，明亮的蜡烛也已消残。可是大家的欢乐与兴致并未因此消减，筵席上的歌舞还未结束，那如轻燕般的舞姿和如圆珠般的歌喉断断续续地伴着醉酒的众人。词的开篇第一、二句说出筵席的时间、地点和席上众人的酒醉姿态；接着三句，视线由酒宴上的诸人转向厅堂的场景，形象地描绘了厅堂的散乱；第七、八句则为下句做铺垫，点明"催茗饮"的缘由，正是因为"欢意未阑"。众人兴致尚可，不想这么早结束筵席，所以以茶解酒。最后两句则写煮茶的情形：催促大家饮茶解酒，不久就有人用那清冽甘洁的泉水煮茶，煮茶之水沸腾的声音从未覆盖的茶瓶瓶口传出，好似飞流直下的瀑布。宋人煮茶，认为山中泉水为最佳。宋徽宗《大观茶论》有："水以清轻甘洁为美……当取山泉之清洁者，其次则井水之长汲者为可用。"这里煮茶，用的正是最适合的山泉水，可见对茶水的讲究。

词的下片写了美人纤指煮茶，发出人生感慨。那煮茶的美人正用她那纤纤玉指，慢慢地、不间断地摆弄茶具。茶杯中逐渐泛起白色泡沫，铺满了茶杯中的茶面。茶叶在美人的手中散发出袭人的香气，好似那用双手采摘的首批建溪茶。轻啜手中香茶，私下不禁想起往日情景：早春时节，于野外郊游，看见那幽幽丛竹长势极好，好似与高高在上的天空之云相连接。可是，看如今的自己，两鬓即将斑白，只能把青春交托给这杯中的茶水。宋代饮茶十分讲究，要打出泡沫方可品尝，固有"满瓯银粟"之说。唐陆羽《茶经·茶之出》有："岭南生福州、建州、韶州、象州。"故"粤岭闽溪"应指福建建州，那里所产的建溪茶十分美味，久为贡品。这里将美人手中的香茶比作建溪茶，可见茶之美味。词的末尾突然转折，"鬓将老"，由过去郊游所见引发人生易老的感慨。如翠竹般美好的青春，也抵不过时间的摧残。最后一句"付与杯中绿"，将青春交付给杯中茶水，看似突兀，实则不然：年轻时候的绿鬓好似这"杯中绿"，绿鬓已逝，只能托付给这茶水。趣味之余，增添些许悲伤。

此词上片写尽筵席的热闹与欢快，下片发出人生感慨，情感基调由喜转悲。尤其是最后三句喟叹，以打诨结构，延伸了词的内涵与意境。

惜馀欢

茶词

黄庭坚

四时美景，正年少赏心[①]，频启东阁[②]。芳酒载盈车，喜朋侣簪合[③]。杯觞交飞劝酬献[④]，正酣饮[⑤]、醉主公陈榻[⑥]。坐来争奈[⑦]，玉山[⑧]未颓，兴寻巫峡[⑨]。　歌阑旋烧绛蜡[⑩]。况[⑪]漏转铜壶[⑫]，烟断香鸭[⑬]。犹整[⑭]醉中花，借纤手重插。相将[⑮]扶上，金鞍騕褭[⑯]，碾春焙[⑰]、愿少延欢洽[⑱]。未须归去，重寻艳歌，更留时霎[⑲]。

【注释】

①赏心：心意欢乐。

②启：开，打开。韩愈《感春》："宫门一锁不复启，虽有九陌无尘埃。"东阁：原指东厢的居室或楼房，或古代宰相招致、款待宾客的地方。这里指招待贤士的地方。

③簪合：折簪重合。指女子丧夫后再遇意中人而结为夫妇。

④杯觞：酒杯，饮酒器皿的统称。温庭筠《醉歌》："锦袍公子陈杯觞，拨醅百瓮春酒香。"劝酬献："劝酬"亦作"酬献"，相互劝

酒、敬酒。

⑤酣饮：畅饮，痛饮。《后汉书·周举传》："商与亲昵饮极欢。"

⑥陈榻：即"陈蕃榻"，陈蕃所设之榻，后来比喻礼贤下士之所。据《后汉书》记载，陈蕃为太守，在郡不接宾客，唯徐稚来特设一席，去则悬置。张九龄《后使登石头驿楼作》："自守陈蕃榻，尝登王粲楼。"

⑦坐来：顷刻。韩愈《春雪间早梅》："玲珑开已遍，点缀坐来频。"争奈：怎奈，无奈。顾况《从军行》："风寒欲砭肌，争奈裘袄轻。"

⑧玉山：比喻俊美的仪容。详解见黄庭坚《阮郎归·烹茶留客驻金鞍》注释⑤。

⑨巫峡：长江三峡之一，一称"大峡"。此处化用杜甫《醉歌行》："词源倒流三峡水，笔阵横扫千人军。"黄庭坚《满庭芳·茶》(北苑春风)有"搜搅胸中万卷，还倾动、三峡词源"。

⑩绛蜡：红烛。苏轼《次韵代留别》："绛蜡烧残玉斝飞，离歌唱彻万行啼。"

⑪况：副词，表示情状，意为正、恰。王昌龄《送东林廉上人归庐山》："昔为庐峰意，况与远公违。"

⑫铜壶：古代铜质壶形的定时器。铜壶滴漏以计时。

⑬香鸭：鸭形香炉。

⑭整：整理。

⑮相将：相偕，相共。王安石《次韵答平甫》："物物此时皆可赋，悔予千里不相将。"

⑯腰裹：亦作"要袅"、"腰袅"，古骏马名，指良马。杜甫《槐叶冷淘》："愿随金騕裹，走置锦屠苏。"

⑰春焙：春茶，经过焙制的春季茶叶。

⑱欢洽：欢乐和洽。

⑲时霎：片刻。

【赏析】

惜馀欢，词牌名，双调一百零三个字，为黄庭坚所创，无别词可考。此词应是作于作者年轻时候，词中可见作者自比徐稚，意气风发。

上片写作者到友人家里做客，开怀畅饮的场景：一年四季的景色都是十分美丽的，正如那满心欢乐的少年模样。东厢的居室常常被打开，用以招待贤客，美酒也装满了整整一车，我为朋友的接待感到万分开心。酒宴上宾主觥筹交错，互相劝酒，喝得不亦乐乎。我也在宴席上开怀痛饮，坐在主人为我准备的席榻上。谁料到，才喝不久就隐隐有些醉意，不过，我还没有醉到将要颓倒的地步。此时的我，正适合搜揽胸中笔墨，写一篇文辞充沛的美文。上片字句中可以看出作者的年少风流。"东阁"一般指款待贤士的居所，作者在这里称友人招待自己的地方为"东阁"；后面又用"陈蕃榻"之典，将自己比作贤士徐稚，称自己所坐的坐席是主人为其准备的"陈蕃榻"；可见作者的自信与自负。最后"玉山未颓，兴寻巫峡"，连用两个典故，"玉山"源自《世说新语》，将自己醉后的体态用玉山作比；"寻巫峡"化用杜甫诗句，称自己的文辞之数堪比巫峡；对自己的仪态和文采也是十分自得。从侧面和正面都透露出作者的风流与自信，的确堪比"玉山"，可倒"三峡水"。

下片写筵中情景以及饮茶解醉的情形：即将结束的歌声在室中盘旋，那艳艳红烛也燃得极旺。这时候看那铜壶中的滴漏正在运转，鸭形香炉燃起的香烟也已不见。我虽喝醉，还尚且能整理瓶中的花儿，借席上美人的纤纤玉手，将那美艳的鲜花重新插上。宾客们本来要互相偕扶着，坐上那安了金鞍的骏马，回到家中。但在上马之前，碾碎春茶，饮一杯清茶，希望此时的欢乐和洽能再稍微延长一些。这样我们就不用这么快回去，还可以重新找来好听的歌曲，在此多留片刻。下片前几句详细地描绘了筵席中的场景，酒宴进行到了深夜还未结束，宾客们虽喝醉却不想归去，所以再泡上一杯春焙茶，以解酒醉，这样就能将欢乐再延长些许，就能在这筵上多停留片刻。“少”通“稍”，稍微、略微之意。在表达对酒宴的盛赞与不舍的同时，称颂了春茶的解酒功效。

词中重点放在筵席上，对茶的称赞只在词的末尾处出现，极言茶的解酒效果。本来喝醉的众人已准备回家，可因为饮下了一杯春茶，片刻将欢乐延长，不可不赞此茶的神奇。

品令

茶词

黄庭坚

凤舞团团饼[①],恨分破、教孤令[②]。金渠[③]体净,只轮[④]慢碾,玉尘[⑤]光莹[⑥]。汤响松风[⑦],早减了、二分酒病[⑧]。　味浓香永。醉乡[⑨]路、成佳镜[⑩]。恰如[⑪]灯下,故人万里,归来对影。口不能言,心下[⑫]快活自省[⑬]。

【注释】

①凤舞团团饼:指印有凤纹的茶饼。宋徽宗《大观茶论》:"本朝之兴,岁修建溪之贡,龙团凤饼,名冠天下。"

②孤令:孤单,孤独。辛弃疾《满江红·中秋寄远》:"问嫦娥,孤令有愁无?"

③金渠:指碾茶之槽,一般以铜制之,故谓金渠。

④只轮:指碾茶之轮。

⑤玉尘:指茶叶粉末。白居易《游宝称寺》:"酒嫩倾金液,茶新碾玉尘。"

⑥光莹:光润晶莹,光辉明亮。

⑦松风：煮茶时水沸腾的声音。详解见黄庭坚《西江月·茶》(龙焙头纲春早)注释⑩。

⑧酒病：亦作“病酒”，指饮酒过量，沉醉如病。唐姚合《寄华州李中丞》：“养生非酒病，难隐题诗名。”

⑨醉乡：指酒后神志不清的境界。唐王绩《醉乡记》：“阮嗣宗、陶渊明等十数人，并游于醉乡。”

⑩佳境：美好的境界，美好的意境。南朝刘义庆《世说新语》：“顾长康啖甘蔗，先食尾。问所以，云：‘渐至佳境。’”

⑪恰如：正如，正似。

⑫心下：心里，心中。

⑬快活自省：快活，指高兴，快乐。自省，原指自我反省、自行省察，这里指自然明白。快活自省，指心里高兴明白。晋潘岳《秋兴赋》：“悟岁时之道尽兮，概俛首而自省。”

【赏析】

品令，词牌名，双调五十二字。

词的上片以茶为中心，夸赞了茶的各个方面；下片则以饮茶感受为中心，奇思妙想地将茶喻人，可谓咏茶奇品。

上片生动形象地展现了贡茶凤团的茶形、碾茶、煮茶、茶香以及茶之功效，且将人的诸多感情融入茶中，可谓奇思妙想。开头即十分有趣：先是用“凤舞团团”将凤团茶之外形描绘得淋漓尽致，又以“恨分破”、“教孤令”二句，将茶拟人化，把人才有的“恨”，与人才能感受到的“孤令”融入作者对茶的理解，写出此茶的弥足珍贵。宋代贡茶，先制成茶饼，后以蜡封之，盖上龙凤图案，固有“凤舞团团饼”；宋代品茶亦是讲究，先将茶饼碾碎成末，然后加水点之，“分破”即是指将茶碾碎；正是因为茶饼被碾碎，饼上的双凤不得不分离，各自落了单，才有“恨”和“孤令”。接下来三句从碾茶的碾具、动作和茶的外形三个方面展现了此茶的加工之精细和茶色之优。“金渠”指的是碾茶的槽，此槽通体十分清爽干净；只见碾茶之人慢慢地运起手中的碾轮，将茶叶的粉末碾碎得光润晶亮。宋徽宗《大观茶论》有记载：“凡碾为制，槽欲深而峻，轮欲锐而薄。”由此可见词中凤茶的碾茶之精细讲究。“汤响松风”将煮茶之声比作松风；后接“早减了、二分酒病”，却转言茶效，谓仅仅闻到茶之香味，便已解了几分酒意，可见茶效极好。上片还未饮茶，便已极尽所能地赞美茶之珍贵美好，塑造了一个害怕孤单分离的“茶美人”的形象。

下片则写品茶后的感受及想象。“味浓香永”承接上片，写茶味香浓；后几句“醉乡路、成佳境。恰如灯下，故人万里，归来对影”，突发奇想，谓饮茶之后，感觉像是进入了醉酒后的美妙情境一样，正像与远在万里之外的故人，在灯下聚首畅谈。“恰如”二字，明明白白地点出，此处正是将饮茶之感与故人作比，如此风马牛不相及的联想，也只有山谷方有吧！幻想与友人于灯下相聚，苦涩中不失馨甜，静谧中难掩悸动，恬淡中可觅浓郁，正如茶之味道。最后两句“口不能言，心下快活自省”，化用苏轼《和钱安道寄惠建茶》“胸中似记帮人面，口不能言心自省”，写了饮茶后感觉身心舒畅，这种感受不可用言语表达，只能内心去体会。历来评论家对此句褒贬不一，宋代胡仔认为此句极好：“鲁直诸茶词，余谓品令一词最佳，能道人所不言，尤在结尾三四句。”（《苕溪渔隐丛话》）清代谢章艇云却不甚看好此句：“以其道之通于曲也，因而则个、什么、呆坐、快活等字，无不阑入，而词品坏矣。”（《赌棋山庄词话》）姑且不论此句到底好坏，不可否认，这几个词把作者心中虽有而无法言出的感受，表达得十分新奇有趣，且生动具体，形象贴切。

作者不单单着眼于茶效，而是以茶比人，如此奇想，境界高远。通篇没有出现一个“茶”字，但是把茶的名贵以及破茶、碾茶、煮茶的过程，以及品茶的趣味、感受，都灵动地表达出来了，实乃咏茶佳作。

【集评】

宋胡仔《苕溪渔隐丛话》：“鲁直诸茶词，余谓品令一词最佳，能道人所不言，尤在结尾三四句。”

明朱承爵《存余堂诗话》：“诗词虽同一机杼，而词家意象，亦或与诗略有不同。句欲敏，字欲捷，长篇须曲折三致意，而气自流贯乃得。近读宋人咏茶词云‘凤舞团团饼……心下快活自省’，真亦可谓妙于声韵也。”

清贺尚皱《水轩词筌》：“黄九时出俚语，如‘口不能言，心下快活’，可谓伧父之甚。”

清黄氏《蓼园词评》：“《苕溪渔隐丛话》云：‘鲁直诸茶词……尤在结尾三四句。’首阙‘凤舞’至‘玉尘’，言茶之形象也。‘汤响’二句，言茶之功用也。二阙‘味浓’三句，言茶之味也。‘恰如’以下至末，言茶之性情也。凡着物题，止言其形象则满，止言其味则粗。必言其功用及性情，方有清新刻人处。《苕溪》称结末三四句，良是。以茶比古人，奇而确。细味过，大有清气往来。”

清谢章铤云《赌棋山庄词话》：“词之原出古乐府，乐府多杂俗谚，如豨妃沦悖之类，填词者效之而每况愈下，稍近鄙亵。又以其道之通于曲也，因而则个、什么、呆坐、快活等字，无不阑入，而词品坏矣。山谷无乃罪过，此白石所以以雅字为宗旨。”

少年游

晁端礼

建溪[①]灵草[②]已先尝。欢意尚难忘。未放笙歌[③]，暂留簪佩[④]，犹有紫芝汤[⑤]。　醉中纤手[⑥]殷勤[⑦]捧[⑧]，欲去断人肠。绛蜡[⑨]迎归，绣鞍[⑩]扶下，笑语[⑪]尽闻香。

【注释】

①建溪：水名，福建闽江的北源，此地产名茶曰建茶，故亦指建茶。张舜民《画墁录》有："迨至本朝，建溪独盛，采焙制作，前世所未有也。"唐许浑《放猿》："山浅忆巫峡，水寒四建溪。"

②灵草：原指仙草、瑞草，是对某些植物的美称，这里指茶。唐陆龟蒙《奉和袭美茶具十咏·茶人》："天赋识灵草，自然钟野姿。"该诗中的"灵草"亦是指茶。

③笙歌：原指合笙之歌，泛指奏乐唱歌。

④簪佩：古代冠簪和系于衣带上的饰物。

⑤紫芝汤：指仙汤。紫芝，又称木枝，似灵芝，是真菌的一种，生于山地枯树根上，可入药，古人认为是瑞草，道教以为是仙草。

⑥纤手：即纤纤手，指纤细柔美之手，对女子手的美称。

⑦殷勤：详解见李之仪《满庭芳》(花陌千条)注释⑪。

⑧捧：扶拥，簇拥。

⑨绛蜡：详解见黄庭坚《惜馀欢·茶词》(四时美景)注释⑩。

⑩绣鞍：指华丽精美的马鞍。绣，原指我国特有的一种手工制作技术，或是绣成的物品，这里是华丽、精美的意思。唐殷璠《河岳英灵集》："颀诗发调既清，修辞亦绣。"

⑪笑语：谈笑，说笑。

【赏析】

晁端礼(1046—1113)，字次膺，开德府清丰县(今河南)人，又说其为济州巨野(今山东)人。为晁补之的叔父，二人常有唱和。

少年游，词牌名，始见于晏殊的《珠玉词》，因有"长似少年时"之句，故取之为名。

该词并没有着力写茶的形、色、味，或制茶工序，或煮茶经过，而是将笔触伸向饮茶后的感受，以及筵罢归家的情景，将饮茶带来的体验以另一种方式展现在我们眼前。

词的上片开篇即写曾经喝过建溪茶，并称至今都未曾忘却此茶带来的欢快感受。开篇就指出并非第一次品尝此茶，在咏茶词里还属罕见；并以"灵草"比之建溪茶，可见词人着实喜欢该茶的味道，才会再次品尝，难以忘却，给予极高的评价。建溪所产建茶在当时可谓盛极一时，据宋徽宗赵佶《大观茶论》所载："本朝之兴，岁修建溪之贡。"陆游亦有诗句称之，《十一月上七日蔬饭骡岭小店》："建溪小春初出碾，一碗细乳浮银粟。"如此盛名之茶，其味必定让好茶之人难以忘怀，词中首二句是对该茶的赞美和记忆。接下来三句将视线转向现实：筵席结束，音乐歌曲都已停止，但是大家都还没有散去，因为还有一碗仙汤可供大家品尝。“未放笙歌”为“笙歌未放”,“未放”是已经没有了,停止了的意思,指筵席结束了。“暂留簪佩”为“簪佩暂留”,簪佩原指冠簪和系于衣带上的饰物,这里用簪佩代指参加筵席的众人,“簪佩暂留”,意为众人还未离场。“紫芝汤”本指仙汤,据说服紫芝灵汤,可以成仙,这里的“紫芝汤”指的是茶,建溪茶;将建溪茶比作仙汤,言此茶饮后可延年益寿。

词的下片写饮完茶后归家的场景。先是写在筵席上酒喝多了,尚有醉意,故而要美人相扶,也正因为有美人真情相扶,才能将要离开的惆怅悲伤之情赶走。回到家中,有红烛相迎,被人从马上搀扶下来,与家人之间的笑谈还能闻到袭人的香气。去,赶走之意,这里是指赶走烦闷不爽之情。“绛蜡迎归”,意思是回家的时候,家里的红烛还是亮着的,好似是在欢迎“我”的归来;看似是红烛迎接归人,实则是家中亲人还在燃烛等候;一盏红烛,给整首词带来了暖暖的温情。“绣鞍扶下”,是“扶下绣鞍”,意思是有人将“我”从马上扶下来。“笑语尽闻香”,对“香”有多重理解:一是与之谈话的是一位女性亲人,或者是“我”的妻子,香味是从谈笑之人的身上散发出的;二是因为回家前喝了一碗建溪茶,所以说话的时候,还能闻到残留在口中的茶香;三则是将“闻”理解为听到的意思,那么“香”就是受到珍视或赞美,指回家受到了亲人的关怀和称赞。

该词上片以茶为中心,因现实引发记忆,从记忆延伸到现实,先是将茶比作灵草,后又以仙汤比之,可见此茶在作者心中的珍贵美味,且功效极佳。下片以情为中心,由对筵席的不舍到归家的愉悦,将“茶味”延伸到了我们每个人都能触摸到的感知,让人在回想茶味之时,感受真情的温馨。

浣溪沙

李元膺

饮散兰堂[①]月未中[②]，骅骝[③]娇簇绛纱笼[④]。玳簪[⑤]促坐[⑥]客从容[⑦]。　　已醉人间千日酒[⑧]，赐来天上密云龙[⑨]。蓬仙清兴欲乘风[⑩]。

【注释】

①兰堂：详解见《看花回·茶词》(夜永兰堂醺饮)注释②。

②月未中：指月亮尚未运行至夜空正中，时间还未到半夜。《三国志·魏志·华陀传》有："昕卒头眩堕车，人扶将还，载归家，中宿死。"

③骅骝：骝，身红黑鬣黑尾的骏马。骅骝，良马名，为周穆王(姬满，西周第五位君主)八骏之一，泛指骏马。《史记·秦本纪》记载："造父以善御幸于周缪王，得骥温骊、骅骝、騄耳之驷，西巡狩，乐而忘归。"明高明《琵琶记·杏园春宴》亦有："飞龙、赤兔、騕褭、骅骝、紫燕、骕骦、啮膝……正是青海月氏生下，大宛越賧将来。"

④绛纱笼:“笼”用作动词,指用红纱笼罩的灯笼。

⑤玳簪:即玳瑁簪,玳瑁制作的发簪,这里用玳瑁簪代指筵席上的众宾客。

⑥促坐:促,靠近,迫近。促坐,指靠近坐,挨在一起坐。

⑦从容:详解见苏轼《行香子·茶词》(绮席才终)注释⑭。

⑧千日酒:酒名,后用于代称好酒。张华《博物志》载:“昔刘玄石于中山酒家酤酒,酒家与千日酒,忘言其节度,归至家当醉,而家人不知,意为死也,劝葬之。酒家计千日酒,乃记玄石前来酤酒,醉向醒尔。往视之,云玄石亡来三年,已葬。于是开棺,醉始醒。俗云,玄石饮酒一,醉千日。”

⑨密云龙:详解见苏轼《行香子·茶词》(绮席才终)注释⑧。

【赏析】

李元膺,生卒年皆不详,约与蔡京(1047—1126)相仿,东平(今山东)人。

浣溪沙,词牌名,又名浣纱溪,双调四十二字。

该词先是点明筵席时间,描绘筵席场景,为茶的出现做足了铺垫,直到最后两句,方才表达出对密云龙茶的称颂。

这场筵席是在一个十分华美的厅堂进行的,席上十分热闹,一直持续到深夜都不见有人离场。厅堂外红纱笼罩的灯笼高高挂起,灯笼下面簇拥着各种骏马良驹。再看厅堂内,宾客们互相挨着坐得很近,他们的言谈举止都透着悠闲从容之态。词的上片丝毫不见任何茶的踪影,全片围绕筵席展开,先是点明筵席的时间地点,接着将视线从筵席所在之厅堂的外景移至厅堂内的筵席中,将宾客们尽情欢快的姿态展现在大家眼前。首句中的“月未中”即点明时间未到半夜,“中”即中间、正中之意,另说“中”指中宿(xiù),意为半夜;两种理解都表示筵席直到深夜还未散场。“骅骝”、“玳簪”则用借代手法,借良马骅骝和头饰发簪指代骏马和宾客,将厅内厅外的繁华热闹展现得活泼生动。

席上的众宾客喝了许多好酒,早已醉倒不少,这时候来一杯御赐好茶密云龙。此茶仿佛来自天上,饮后有一种飘然欲仙之感,令人欲借乘清风,去往仙界。下片也并未直接言茶,而是从酒着笔,“千日酒”本是好酒名称,这里代指好酒。唐韩偓《江岸闲步》:“青布旗夸千日酒,白头浪吼半江风”,亦是同义。宾客酒醉,于是饮茶解酒。密云龙为茶之贡品,皇帝每以分赐大臣,即所谓“赐茶”。“赐来天上密云龙”指所饮之茶乃是御赐密云龙,作者并未发出如“绝品”一般的直接称赞,而是间接感叹茶的珍贵,“天上”二字道出作者对茶的评价,他认为此茶极好,仿佛来自天上。这个评价可谓不低。最后一句则化用卢仝咏茶名篇《走笔谢孟谏议寄新茶》,写出饮茶之感,茶中自有清雅的兴致,饮后不禁欲乘清风。这句不仅写出饮茶之感,也极言茶之功效,正是因为此茶极好,才会让方才还颇有醉意的宾客,在饮茶后感到“清兴欲乘风”。

该词未见“茶”字,也没有写茶之色、味,对茶的描写虽然笔墨不多,但不难看出作者对该茶的珍视和赞美。

满庭芳

秦观

北苑研膏，方圭圆璧，名动万里京关。碎身粉骨，功合上凌烟。尊俎风流战胜，降春睡、开拓愁边。纤纤捧，香泉溅乳，金缕鹧鸪斑。　相如，方病酒，一觞一咏，宾有群贤。便扶起灯前，醉玉颓山。搜揽胸中万卷，还倾动/三峡词源。归来晚，文君未寝，相对小妆残。

【赏析】

秦观(1049—1100)，字少游，一字太虚，别号淮海居士、邗沟居士，高邮(今江苏)人。苏门四学士之一，有著作《淮海居士长短句》、《淮海集》。

此首《满庭芳》与黄庭坚《满庭芳·茶》(北苑春风)大同小异，不同之处有：上片“北苑研膏”、“香泉溅乳”，黄词为“北苑春风”、“研膏溅乳”；下片“方病酒”与“相对小妆残”，黄词为“虽病渴”和“相对小窗前”。然其词义词境皆相似，具体注释与赏析，见黄词。

【集评】

卓人月《古今词统》:“少游夫妇不减赵明诚,固应深谙茶味与赌茗之乐。”

沈雄《古今词话》:“《满庭芳》尽推少游之作。少游又有《咏茶》一首,传者多讹。今为正之云:‘北苑龙团,江南鹰爪,万里名动京关。碾轻罗细,琼蕊暖生烟。一种风流臭味,如甘露,不染尘凡。纤纤捧,冰瓷莹玉,金缕鹤鸽斑。’旧词‘北苑春风,方圭圆璧’,虽用故实,而多庸腐,即苦心作‘碎身粉骨,功合上凌烟。’亦是小家气象。惟‘尊俎风流战胜,降春睡、开拓愁边’一语差当。而‘熬波溅乳’,实不及‘冰瓷莹玉’更为落句地也。况后段又用‘搜揽胸中万卷,还倾动、三峡词源’乎?”

满庭芳

茶词

秦观

雅燕飞觞[1]，清谈挥座[2]，使君[3]高会[4]群贤。密云双凤[5]，初破缕金团[6]。窗外炉烟[7]似动，开缾试、一品香泉[8]。轻淘起，香生玉尘[9]，雪溅紫瓯[10]圆。　　娇鬟[11]。宜美盼[12]，双擎翠袖[13]，稳步红莲[14]。坐中[15]客翻愁，酒醒歌阑。点上纱笼画烛[16]，花骢[17]弄、月影当轩。频相顾[18]，余欢[19]未尽，欲去且流连[20]。

【注释】

①雅燕：高雅的宴饮。觞，古代盛酒器；飞觞：举杯或行酒，亦指传杯行酒令。雅燕飞觞：指酒席宴会。

②清谈：亦作“清谭”，此处指玄谈。魏晋时期崇尚老庄，空谈玄理的风气，称为“玄谈”，其重心集中在有无、本末之辩。挥座：即“挥尘”之意。挥尘：指挥动尘尾，晋人清谈时，常挥动尘尾以为谈助，后因称谈论为挥尘。

③使君：对州郡长官的尊称。

④高会：盛大的宴会，指大规模聚会。

⑤密云：指密云龙，详解见苏轼《行香子·茶词》（绮席才终）注释⑧。双凤：指大小凤团茶饼，详解见苏轼《阮郎归》（歌停檀板舞停鸾）注释⑤。

⑥缕金团：指缕有金丝的茶饼。缕金，即在茶饼上缕金丝，说明茶之珍贵。欧阳修《归田录》：“庆历中……官人往往缕金花于其上，盖其贵重如此。”

⑦炉烟：熏炉或香炉中的烟。

⑧一品：一等，第一。香泉：泉名，又名“香淋泉”、“平屙泉”、“太子汤”等，位于安徽省和县以北二十公里的覆釜山下，泉水四季常温，因水有香气而名。

⑨玉尘：详解见黄庭坚《品令·茶词》（凤舞团团饼）注释⑤。

⑩紫瓯：紫砂茶盂，即建盏，因盏色黑紫，又名“黑建”、“紫建”或“乌泥建”。蔡襄《试茶》：“兔毫紫瓯新，蟹眼清泉煮。”

⑪娇鬟：美丽的环状发髻。

⑫美盼：黑白分明的美目。《诗经·卫风·硕人》：“巧笑倩兮，美目盼兮。”

⑬擎：持，支撑。翠袖：青绿色的衣袖，泛指女子的装束。

⑭稳步：步履平稳地行走。红莲：指女子的红鞋。

⑮坐中：“坐”通“座”，座席之中。

⑯纱笼：纱制灯笼。画烛：画有图案的蜡烛。

⑰花骢：指五花马，珍贵的马。杜甫《骢马行》：“邓公马癖人共知，初得花骢大宛种。”

⑱相顾：相看，互看。

⑲余欢：充分的欢乐欣喜。

⑳流连：留恋不舍，依恋滞留。

【赏析】

该词应作于元丰二年(1079)，是作者在会稽郡守程师孟(字公辟)的筵席上所作。这首咏茶词极富有情韵，上片写酒宴上烹茶的情景，下片则侧重捧茶之人的情态。

州郡长官程师孟大摆筵席，众多贤士都在此会聚。这场筵席十分高雅，席上众贤士举杯行酒，互相交流，清雅之至。开头三句写群贤宴饮的场景，“清谈挥座”，源出于《世说新语·容止》：“王夷甫容貌整丽，妙于谈玄，恒捉白玉座尾，与手都无分别。”“清谈”本是魏晋时期盛行的风气，“清谈”相对于俗事之谈而言，亦谓之“清言”。当时士族名流相遇，不谈国事，不言民生，专谈老庄、周易，被称为“清言”。“清谈”之时，常常手执拂尘的麈尾，并挥动以助谈兴。如《晋书·王衍传》“终日清谈……每捉玉柄麈尾”。后“清谈”泛指清雅的谈论，“挥尘”亦是谈论之意。这三句既写出了主人的高雅，亦展现了宾客的清雅，同时表现了宴会的盛大。后一句由“密云”二字入题，“密云”、“双凤”都是茶名，“缕金团”亦是茶饼之意，三词皆言茶饼之贵，“破”指碾破茶饼。此二句说明所烹之茶乃是极品好茶，赞美了该茶的珍贵。“窗外炉烟似动，开缾试、一品香泉”，写窗户外的炉火燃起，冒起了自然摇曳的烟气，打开瓶子煮水烹茶，瓶中之水是来自第一泉香泉的好水。古人对烹茶之水十分讲究，“一品香泉”，极言水的美好。最后三句，细写烹茶的情状。宋人非常讲究煮茶的方法，须先把泉水倒进茶瓶，用炉加热，水沸后加入研碎的茶末(即前文的“初破缕金团”)，茶汤面上浮有白色泡沫后轻轻搅拌，方可斟饮。这种白色泡沫又称为“玉乳”、“雪花乳”等。“香生玉尘，雪溅紫瓯圆”，写出了茶味的香气，将茶汤上的泡沫比作白雪，泡沫浮于茶面，就像是白雪飞入这圆形的紫色茶盂中。

下片前四句，写美丽的侍女拿着茶具款待宾客。“娇鬟”、“美盼”、“翠袖”、“红莲”都是对女子的外貌描写，侍女梳着好看的环状发髻，一双黑白分明的眼睛十分美丽，她穿着青绿色的衣服，双手高举茶杯，步履平稳地走向宾客。“坐中”二句，写众宾客不但没有因为酒醒而高兴，反而有丝丝忧愁。“点上纱笼画烛，花骢弄、月影当轩。频相顾，余欢未尽，欲去且流连”，原来是因为酒醒后，准备离去，出于对筵席的留恋和对美女的不舍，才生出这忧闷之情。“点上纱笼画烛”、“月影当轩”，说明夜已深；“花骢弄”指马弄月影，好似不耐，亦是暗示已至离去之时。最后三句，转而写座客尚未尽欢，边走边与美女对眼相望，流连不愿离去。有好茶与美人相伴，众宾客感到良宵太短，不愿归去，于淡淡茶香中蕴藏浓浓情意。

饮酒乃是宴乐正欢，酒罢则正欢结束，酒兴已尽而余欢未尽时，常用茶词来延续余欢。该词将茶香与浓情结合，高雅与清兴并存，于优雅细致中将一份浓情点到为止。

满庭芳

咏茶

陈师道

闽岭先春[1]，琅函联璧[2]，帝所分落[3]人间。绮窗[4]纤手，一缕破双团[5]。云里游龙舞凤[6]，香雾[7]起、飞月轮边。华堂[8]静，松风竹雪[9]，金鼎[10]沸湲潺[11]。　门阑[12]。车马动，扶黄籍白[13]，小袖高鬟[14]。渐胸里轮囷[15]，肺腑生寒。唤起谪仙[16]醉倒，翻湖海、倾泻涛澜。笙歌散，风帘月幕，禅榻[17]鬓丝斑[18]。

【注释】

①闽岭：福建北部的山岭。宋范正敏《遯斋闲览·证误》："闽岭以南多木棉，土人竟植之，有至数千株者，采其花为布，号吉贝布。"先春：指茶。唐卢仝《走笔谢孟谏议寄新茶》："仁风暗结珠琲瓃，先春抽出黄金芽。" 闽岭先春，指福建龙焙所产的早春茶。

②琅函：书匣、画匣的美称。此处疑为"琅玕"之误，琅玕，似珠玉的美石。联璧：并列的美玉，指两者不相高下，可相媲美。南朝刘勰《文心雕龙·时序》："岳湛曜联璧之华，机云标二俊之采。"

③分落：分发赐给。

④绮窗：雕刻或绘饰得很精美的窗子。吕向注《文选·蜀都赋》："绮窗，雕画若绮也。"

⑤双团：茶团，即指龙团凤饼。

⑥游龙舞凤：游动的蛟龙，起舞的凤凰。这里形容龙凤茶在水中沉浮。

⑦香雾：指烹茶蒸起的雾气。

⑧华堂：高大的房子，泛指房屋的正厅、正屋。

⑨松风：指茶。金董解元《西厢记诸官调》有："纸窗儿明，僧房儿雅，一椀松风啜罢，两个倾心地便说知心话。"竹雪：铺在柱子上的雪，形容茶面飘浮的茶末就像竹上铺雪。

⑩金鼎：黄金炊具，为鼎类炊具的美称。这里指烹茶的器具。

⑪潺湲：即"潺潺"，形容水流或水声，这里形容水沸腾翻滚的声音。

⑫门阑：亦作"门阑"，门框或门栅栏。

⑬扶黄籍白：形容茶叶茶水的颜色。南宋吴曾《能改斋漫录》作"浮黄嫩白"。

⑭小袖：短小的衣袖。高鬟：高起的环形发髻。

⑮囷(qūn)：古代一种圆形谷仓。轮囷，形容高大开阔的样子。

⑯谪仙：指唐朝诗人李白。

⑰禅踏：禅床。唐杜牧《题禅院》："今日鬓丝禅榻畔，茶烟轻飏落花风。"

⑱鬓丝：鬓发。斑：形容头发花白。

【赏析】

这首词是作者陈师道和黄庭坚咏茶名篇《满庭芳》(北苑龙团)所作,表达了作者对福建龙凤团茶的称赞,上片描绘了窗下烹茶的雅情幽景,下片写了饮茶后的“醉倒”之感和风月之情。

上片起笔即点名所咏对象乃是贡茶产地福建所产的早春茶,联系后文中的“双团”,可知此早春茶是龙凤团饼。第二句“琅函联璧”,根据吴曾《能改斋漫录》,应是“琅玕联璧”,意思是琅玕是美名并列的如玉般美石,这里借“琅玕”比喻龙凤茶,意在赞美龙团和凤团是可相媲美的好茶, 是皇帝分赐给众臣子的珍品。“绮窗纤手,一缕破双团”,写出精美的窗户旁边,一双纤纤玉手将龙凤团饼碾碎。后几句紧接着描绘了美人烹茶的情景。龙凤茶在水中沉浮,就像于云中穿梭的蛟龙和舞动的凤凰,蒸腾的水汽带着茶的香味,飞向那轮挂在空中的明月。厅堂内十分安静,茶汤面上的茶末就像竹上轻铺的雪一般。茶具中茶水沸腾着发出潺湲水声。词中仿佛萦绕着袅袅茶香,让人不禁浮想出那个安静的晚上,那个不食烟火的空灵意境。词人将“松”、“竹”、“雪”这般高洁纯净的意象比作茶,营造出超凡脱俗的茶的形象,即使有美人“纤手”,也丝毫感觉不到尘俗的脂粉气息,让人在这宁静脱尘的意境中感受茶水散发的热气和清香。

下片从门边的车马写起,分享了词人饮茶后的感受。“渐胸里轮困,肺腑生寒”,写出作者饮茶后,感觉心胸开阔,肺腑生出丝丝清凉之感。后三句,写出了茶的神妙。“唤起谪仙醉倒”,说茶能唤醒谪仙李白,并使其醉倒;“翻湖海、倾泻涛澜”,写出了一种宏伟阔大的场景,说茶能带给人翻腾湖海,倾覆波涛的力量和感受。最后几句,于宏伟处急转向柔情,发出了一声感叹。歌曲终结，将风当帘月为幕，视线最后转向躺在禅榻上那位两鬓斑白的人。茶能清神醒脑，使词人在宴饮的欢乐之后，更清晰地感受到内心的孤寂。“笙歌散，风帘月幕，禅榻鬓丝斑”，是词人发出的最深沉的感慨，是词人在面对两鬓斑白的自己时，感叹岁月的无情与自身的无奈。“笙歌散”叹出繁华之后的寂静与凄冷，热闹与寂静的强烈对比，更加增添了那份对孤独的体悟之感。对于词人来说，如今的自己已经苍老尽显，禅榻上独自静坐，孤寂凄凉之感郁结于心。

该词于华美的辞藻中可见淡雅，有动有静，于安闲中享受那份品茶的乐趣，于寂静中抚慰心中的孤寂。周作人先生在《喝茶》中写道：“喝茶当于瓦屋纸窗下，清泉绿茶，用素雅的陶瓷茶具，同二三人共饮，得半日之闲，可抵十年的尘梦。”此词中的意境与此相差不远，可叹的是，词中在这份安逸中又多了一份令人感伤的孤独与无奈。

【集评】

吴曾《能改斋漫录》卷十六：“豫章先生少时尝为茶词，寄《满庭芳》云：‘北苑龙团……’其后增损其辞、止咏建茶云：‘北苑研膏……’词意益工也。后山陈无己同韵和之云：‘北苑先春，琅函宝韫，帝所分落人间。……笙歌散，风帘月幕，禅榻鬓丝斑。’”

武陵春

茶

谢逸

画烛[1]笼纱[2]红影乱，门外紫骝[3]嘶。分破[4]云团[5]月影亏[6]，雪浪[7]皱清漪[8]。　　捧碗纤纤春笋[9]瘦，乳雾[10]泛冰瓷[11]。两袖清风拂袖飞，归去酒醒时。

【注释】

①画烛：详解见晁端礼《少年游》(建溪灵草已先尝)注释⑯。

②笼纱：即纱笼，指用绢纱作外罩的灯笼。宋姜夔《鹧鸪天》："巷陌风光纵赏时，笼纱未出马先嘶。"

③紫骝：骏马名，这里应指骏马。唐沈佺期《紫骝马》："青玉紫骝鞍，骄多影屡盘。"唐李益亦有《紫骝马》："争场看斗鸡，白鼻紫骝嘶。"

④分破：分离，分开。这里指将茶饼碾碎。

⑤云团：指团茶。陆游《疏山东堂昼眠》："吾儿解原梦，为我转云团。"并有自注："是日，约子分茶。"梅尧臣《尝茶和公仪》：

“都蓝携具向都堂，碾破云团北碚香。”

⑥亏：形容残缺不圆满。《史记·匈奴列传》：“月盛壮则攻战，月亏则退兵。”这里用来形容破开后的茶饼。

⑦雪浪：详解见苏轼《阮郎归》(歌停檀板舞停鸾)注释⑥。宋蔡襄《茶录·论茶》：“茶色贵白。”宋徽宗《大观茶论》：“点茶之色，以纯白为上，真清白为次，灰白次之，黄白又次之。”

⑧清漪：指水清澈而有波纹。《诗·魏风·伐檀》：“河水清且涟漪。”

⑨纤纤春笋：纤纤和春笋皆是形容女子手的纤润。

⑩乳：乳花，指烹茶时浮于茶面的乳白色泡沫。乳雾：指茶水泛起的水汽。

⑪冰瓷：古代青瓷中的一个品种，因其纹破裂如冰，裂片层迭，有立体感而称之。

【赏析】

谢逸(1068—1112)，字无逸，号溪堂，临川(今江西抚州)人。江西诗派代表作家之一，曾作蝴蝶诗百首，又称“谢蝴蝶”。著有《溪堂集》、《春秋广微》、《樵谈》等，现仅存有《溪堂集》十卷。

武陵春，词牌名，又名“武林春”、“花想容”，双调小令。其名源出东晋陶潜《桃花源记》中“晋太元中，武陵人捕鱼为业”。

这首词讲述了词人在美人相伴下饮茶畅享的情景。词的上片讲述了词人的所处环境以及美人分茶烹茶，下片道出饮茶后的感受。

词以红楼场景开篇，首二句即介绍了词人身处环境，精美的蜡烛和绢纱笼罩的灯笼点明了景致的精美，“红影” 则道出了词人周围围绕的美人，“乱”字不仅不显杂乱，反而令人仿佛能看到作者那穿梭于众美人中的身姿。接下来两句则由热闹转向安静，“云团”、“月影”皆是指茶，用云团喻完整的茶饼，用亏月喻破开的茶饼，两个比喻把分茶这一动作展现得十分生动。“雪浪皱清漪”，将烹茶时茶水中的情状描绘得形象且灵动，“雪浪”揭示茶水的色白，“皱”和“清漪”绘出茶汤水面的动态，将茶水的那一圈圈涟漪画在我们眼前。后两句虽写分茶烹茶的动作，但让人感觉身处在一个极静的环境中，营造了与前两句完全不一样的场景，仿佛喧嚣中的那一处安静，令方才还躁动的心瞬间沉静。

美人纤润的双手端起茶杯，“捧碗纤纤春笋瘦” 句，“纤纤”、“春笋”、“瘦”皆是对美人纤手的称赞，美人相伴，增添不少饮茶之趣。美人将茶端近，看见冰瓷茶盏中茶面上的乳花。冰瓷是一种极为珍贵的瓷具，有“纵有家产万贯，不如冰瓷一件”之说。联系全词可见茶好、盏精，品茶之乐当精于细节。“两袖清风拂袖飞”(《广群芳谱》、《历代诗徐》作“两腋”)，则化用卢仝《走笔谢孟谏议寄新茶》:“七碗吃不得也，唯觉两腋习习清风生”，道出饮茶后翩然欲仙之感。最后一句“归去酒醒时”，写饮茶解酒，酒醒后归家，以归去为全词作结。

在宋代，歌妓掌握分茶技艺十分常见，在许多咏茶涉茶诗词中，歌妓分茶之雅事屡见不鲜。该词简单地刻画了歌妓分茶的情景，词中不见浓厚的脂粉气息，虽是身处歌楼，却依然能感受到茶带来的那份安宁与纯净。

摊声浣溪沙

天雨新晴[1],孙使君宴客双石堂[2],遣官奴[3]试小龙茶[4]

毛滂

日照门前千万峰[5],晴飙[6]先扫冻云[7]空。谁作素[8]涛翻玉手[9],小团龙。　　定国[10]精明[11]过少壮[12],次公[13]烦碎[14]本雍容[15]。听讼[16]阴中苔自绿,舞衣红。

【注释】

①新晴:指刚放晴的天气。

②孙使君句:使君,对州郡长官的尊称,这里指孙贲,字公素。苏轼有《戏赠孙公素》注:《侯靖录》云:“孙功苏畏内,众所共知。当求东坡公书扇,坡题‘披扇当年’云云。……公素名贲……毛滂《东堂集·双石堂记》云:‘韩魏公客齐安孙贲公素为衢州,口土得二石峰,为书告福建转运判官文勋安国曰:吾堂以‘双石’名堂。君有篆名,请为书之。’”(清冯应榴辑注,黄任轲、朱怀春校点《苏轼诗集合注》)宴客:饮宴所请的客人。

③官奴:官妓,或指没入官府的奴隶。明陶宗仪《辍耕录·官奴》:“今以妓为官奴,即官婢也。”

④小龙茶：即小龙团，又称小团龙。宋代茶叶精品，以模压成龙形，故名。详解见李之仪《满庭芳》(花陌千条)注释⑨，以及黄庭坚《阮郎归·茶词》(摘山初制小龙团)注释②。

⑤千万：形容数目极多。

⑥飙：指风。《说文》："飙，扶摇风也。"

⑦冻云：严冬的阴云。唐方干《冬日》："冻云愁暮色，寒日淡斜晖。"

⑧素：白色。《诗·召南·羔羊》："羔羊之皮，素丝五紽。"毛传："素，白也。"

⑨玉手：洁白如玉的手，对女子手的美称。

⑩定国：于定国(？—前40)，西汉丞相，字曼倩，东海郯县(今山东郯城)人。少学法令，为狱吏、郡决曹，决案审慎，民无冤情。宣帝时，任廷尉，汉宣帝时官至丞相。事见《汉书·于定国传》。

⑪精明：精细明察，纯洁聪明。

⑫少壮：年轻力壮的人。《长歌行》："少壮不努力，老大徒伤悲。"

⑬次公：一说为汉盖宽饶，字次公，其人刚直高洁，为官刚正不阿。事见《汉书·盖宽饶传》。二说为汉黄霸(前130年—前51年)，字次公，自幼攻读法律之学，以礼义治民著称，善于治理郡县，为官清廉、外宽内明、文治有方、政绩突出，汉宣帝时官至承相。事见《史记·张垂相列传》。根据上文定国所指，此处应指黄霸。

⑭烦碎：繁杂琐碎。《汉书·薛宣传》："吏多苛政，政教烦碎。"

⑮雍容：形容仪态温文大方。

⑯听讼：听理诉讼，审案。

【赏析】

毛滂(1060—1124),字泽民,号东堂,衢州江山(今浙江)人。毛滂诗词被时人评为“豪放恣肆”、“自成一家”,有《东堂集》、《东堂词》存世。

摊声浣溪沙,词牌名,为词牌浣溪沙之别体,双调小令。

根据词前小序,可知衢州刺史孙贲在双石堂举行宴会,此词应是作者在席上即兴而作。该词是一首应酬诗,起笔开阔,结尾清朗,表达对主人的盛赞。

上片前两句写景,阳光照耀下的群山连绵耸立,“千万峰”不仅体现山峰数量之多,又可见其磅礴的气势。“照”字展现出光线的动态,与群山相映,境界雄浑。下句由眼前山转向空中景,写出天气晴朗,惠风和畅之感。“扫”字显出席卷之姿,将眼前的景色显得越发生动。后两句写试茶情景,小团龙,又作“小团”,是茶中贵品。前句写烹茶煮水,后句写烹茶纤手。“素”指茶水的鲜白,“翻”写纤手的灵巧,将烹茶时的动与静结合,给人以美的享受。

下片化用三个典故,将古时三位贤德之士比作主人孙贲。定国指为人清廉、决狱公允的于定国,次公指文治有方、政绩突出的黄霸。写于定国精细明察,胜过年轻力壮的人,黄霸处理琐事依然温文大方,实则称赞孙贲的清廉刚正。“过”、“本”二字,体现作者对两位古人和主人孙贲的称赞。“听讼阴中苔自绿”,借召公典故,相传西周时召公巡行乡邑,于甘棠树下审案,后人概括为“棠阴”一词,此处“阴中”即由此而来。“苔自绿”,赞美孙贲治郡有方,民无讼事,所以庭中才会生有苔藓。“舞衣红”,则写孙贲以歌舞自娱,与宾客共欢。“红”与“绿”相互映照,实与虚相互交联,营造出清朗的情调。

词中由景及人,事景融合,由宴会中的烹茶试茶转向对宴会主人的赞美,词中可见清丽爽朗之气,摆脱了应酬词的艳俗。

玉楼春

戊寅[①]重阳，病中不饮，惟煎小云团[②]一杯，荐[③]以菊花

毛滂

西风[④]吹冷沉香篆[⑤]。门掩小晴红叶[⑥]院。卧看黄菊送重阳，露重烟寒花未遍。　　衰翁[⑦]病怯[⑧]琉璃盏[⑨]。日日愁侵[⑩]霜鬓[⑪]短。一杯菊叶小云团，满眼萧萧[⑫]松竹晚。

【注释】

①戊寅：这里指宋哲宗元符元年(1098)，此时作者任武康(今浙江湖州)知县。

②小云团：指团茶。详解见谢逸《武陵春·茶》(画烛纱笼红影乱)注释⑤。

③荐：佐食。唐刘恂《岭表录异》："取小蚌肉，贯之以篾，晒干，谓之珠母，容桂人率将烧之以荐酒也。"

④西风：西面吹来的风，多指秋风。

⑤沉香篆：沉香：香木名，此指用沉香制作的香。篆：指盘香或盘香的烟缕。秦观《海棠春》："翠被晓寒轻，宝篆沉烟袅。"

⑥红叶：秋天，枫、槭、黄栌等树的叶子都变成红色，统称红叶。唐韩愈《游青龙寺赠崔大补阙》："友生招我佛寺行，正值万株红叶满。"

⑦衰翁：老翁。欧阳修《朝中措》："行乐直须年少，樽前看取衰翁。"

⑧怯：虚弱，有病。韩愈《故幽州节度判官张君墓志铭》："臣又始至，孤怯，须强佐乃济。"病怯：指生病，身体虚弱。

⑨琉璃簟：琉璃，晶莹碧透之物。簟，供坐卧铺垫用的苇席或竹席。琉璃簟，指很光滑的席子。

⑩浸：映照。

⑪霜鬓：白色鬓发。

⑫萧萧：萧条，寂静。

【赏析】

玉楼春，词牌名，又称木兰花、春晓曲、西湖曲、惜春容、归朝欢令等，双调五十六字，因后蜀顾夐两首《玉楼春》词起句有"月照玉楼春漏促"、"柳映玉楼春欲晚"而名。

此词作于宋哲宗元符元年(1098)，此时词人三十有九。据《赵氏夫人墓志铭》："元祐四年(1089)七月得疾，立殆，不复起。殡于城南佛庐。绍圣五年二月十七日，始克葬于此。"绍圣五年即元符元年，可知该年春二月，词人毛滂将发妻葬于衢州。暮春时赴往武康县，改尽心堂为东堂，据《渔家傲·年少莫寻潜玉老》词前小序："戊寅东，以病告卧潜玉，时时策杖寒秀亭下"，可知词人此时因病卧休，常憩于东堂。这首《玉楼春》中，也可见作者对于病痛的愁苦与身心的憔悴。

词的上片以景入笔，将深秋的寒凉与院中的红景结合，再由景及人，感叹重阳时节的露中烟寒。西风带着些寒凉之气吹来，似乎连院中的盘香也染上了深秋的清冷，小院的门关着，在这晴日的映照下，可以看见院中铺满红叶。我这病躯只能躺在榻上，眼看着大家在重阳时节赏菊，不过外面也是烟寒露重，菊花并不是随处可见。重阳节，又称重九节，是汉族的传统节日，在这一天大家有踏秋的习俗，包括出游赏景、登高远眺、观赏菊花、遍插茱萸、吃重阳糕、饮菊花酒等。但词人却因为身体的不适只能卧看菊花，的确令人不快。

与“卧看黄菊送重阳”的感叹不同，下片两句以“衰翁”、“病怯”、“愁”、“霜鬓”几词，直接抒发对病痛的哀愁厌恶。“琉璃簟”，描绘垫席因为久躺而被磨得光滑盈亮，像是琉璃一般，本是十分美丽的意象，但因为与“病怯”相连，反而多增感叹。词人于同年所作《上胡倅启》云：“某天资不敏，人事多奇，蚤衰而疾病侵凌，未老而齿发摇坠。”可见词人常常哀叹自己的病体残躯。从该词中流露的感情亦可见，作者十分不喜这副只能躺在卧榻上的病躯，日日愁思，满面愁容，双鬓斑白。词的最后方才提到茶，摘几片菊花，泡一杯好茶。此时已是傍晚，入眼的全是远处松竹的萧条之景。词中满满都是哀愁，让人不禁为之感伤，幸有好茶与之为伴，稍减心中不舒之气。

茶常常以其内敛的禀性和清神解忧的形象出现在诸多咏茶文学中，此词中的茶似乎并没有发挥其解忧之功效，而仅是作为一种精神安慰的存在。生活的困顿并不可怕，精神上的孤独和寂寞才真正难以排遣，词人以病躯缠榻，发妻又因病逝世，身心的双重折磨使得词人心中布满浓浓的伤愁，即使清茶相伴，也无法驱散眼中心中的萧索。此词基调伤感，全篇融有消极感伤之情，有着其他的咏茶词篇没有的情韵。

玉楼春

仆前年当重九[1]，微疾[2]不饮，但掇菊叶煎小云团，用酬节物[3]，戏作短句以侑茗饮[4]。逮去年，曾登山高会。今年客东都，依逆旅主人舍[5]，无游从[6]，不复出门，不知时节[7]之变。或云今日重九，起坐空庭[8]月下，复取云团[9]酌一杯。盖用仆故事[10]，以送佳节。又作侑茶一首以和韵[11]

毛滂

泥银四壁[12]盘蜗篆[13]。明月一庭秋满院。不知陶菊[14]总开无，但见杜苔[15]新雨遍。　　去年醉倒云为簟。未尽百壶[16]惊日短。小云[17]今夜伴牢愁[18]，好在凤凰[19]春未晚。

【注释】

①仆：旧时自称的谦词。重九：农历九月九日，又称重阳。

②微疾：小病，轻微的疾病。

③节物：应节的物品。宋陆游《老学庵笔记》："靖康初，京师织帛及妇人首饰衣服皆备四时，如节物则春幡、灯球、竞渡、艾

虎、云月之类。”

④短句：指短诗，这里指短词小令。侑：助，辅佐。侑茗饮：指为饮茶助兴。

⑤客：旅居，寄居。东都：指京师以东的都城。逆旅：客舍，旅居。舍：房屋，居室。《礼记》：“将适舍，求毋固。”孔颖达疏：“舍，主人家也。”

⑥游从：指相随同游。

⑦时节：时光，时候。

⑧空庭：幽寂的庭院。

⑨云团：详解见谢逸《武陵春·茶》(画烛纱笼红影乱)注释⑤。

⑩故事：先例，这里像去年一样，作茶词为佳节助兴。

⑪和韵：依照已有作品的原韵作诗作词。宋张表臣《珊瑚钩诗话》：“前人作诗，未始和韵。自唐白乐天为杭州刺史，元微之为浙东观察，往来置邮筒倡和，始依韵，而多至千言，少或百数十言，篇章甚富。”

⑫银泥：用银箔和胶水制成的银色颜料。四壁：四面墙壁，指屋内的四面，以此形容家境贫寒。泥银四壁：形容在月色的映照下四面墙壁如银泥般银白。

⑬盘：盘绕，盘旋，盘曲。蜗：指蜗牛，蜗牛爬行时留下的涎液痕迹，屈曲如篆文。篆：盘旋状线香。盘蜗篆：形容香或香烟的形状弯曲。

⑭陶菊：即菊花，因晋陶潜爱菊，故称。唐杜牧《将赴湖州留题庭菊》：“陶菊手自种，楚兰心有期。”

⑮杜苔：指杜梨树上的苔藓。杜梨又名棠梨，蔷薇科落叶乔

木。

⑯百壶：极言酒多。

⑰小云：即词前序文中所说的小云团。

⑱牢愁：忧愁，忧郁。

⑲凤凰：指凤团，宋代茶叶精品，因印凤纹而名团茶。

【赏析】

根据词前序文，可知该词作于宋哲宗元符三年(1100)，这年词人毛滂于武康任满，离开武康，赴往汴京。该词正是赴京途中所写，序文介绍了该词创作的背景，九九重阳之时，词人正客居东都，不禁回忆起曾经在武康任职时的情景，所以有感而发，写下此词。

词中上片写了自己所处的环境。此时词人客居他乡，恰逢重阳佳节之际，颇感孤寂。首句“泥银四壁盘蜗篆”，介绍了所处居室因月色的映照而泛出银白的色泽，侧面写月色的同时，也指出了旅舍的简陋。第二句“明月一庭秋满院”则写旅舍外庭院的情景，月色笼罩下的庭院满是深秋的味道。在重阳佳节之时，只有自己孤身一人当庭赏月，显现出词人此时此刻的寂寞孤单。后二句“不知陶菊总开无，但见杜苔新雨遍”，或说此处化用杜甫《重过何氏》“雨抛金锁甲，苔卧绿沉枪”之句，写雨中景色，但根据上句“陶菊”之意，可知此处应指杜梨树上的青苔。见到庭院中杜梨树上的苔藓刚被雨水冲洗，不知道外面的菊花是否一直开放着。此二句看似写景，实则含有未出门赏游之憾，而未出门的原因正是“无游从”。因为没有朋友相伴，未能出去赏玩，连菊花开得如何也不知道。此二句中的孤寂正是对前二句的递进，令人同情其孤单影只之状。

词的下片回忆往昔，“去年醉倒云为篁。未尽百壶惊日短。”交代了时间上的回转，词人重阳时在异乡回想昔日时光，与此时“独在异乡为异客”的孤单形成鲜明的对比，这种今昔结构的安排，使词人想要抒发的孤寂之情更为浓烈，让人不禁产生情感共鸣。此词亦是到最后二句方才提及饮茶，在此孤独寂寞之时，没有亲朋好友为伴，幸有好茶可品，将满腔乡愁寄托在一盏香茗之中，聊以慰藉内心的惆怅。

词人作该词时身体不佳，又有“独在异乡为异客”之事，难免在瑟瑟的秋风中，面对满园秋意时感到凄凉孤寂。虽有凤团茶与之为伴，但细品之下，思乡之情依然难以抚慰。

蝶恋花

送茶

毛滂

花里传觞飞羽过[①]。渐觉金槽[②],月缺圆龙破[③]。素手转罗酥作颗[④],鹅溪雪绢[⑤]云腴[⑥]堕。　七盏能醒千日卧[⑦]。扶起瑶山[⑧],嫌怕香尘涴[⑨]。醉色轻松留不可,清风停待些时过[⑩]。

【注释】

①觞:古代一种盛酒器。传觞:指宴饮中传递酒杯劝酒。羽:指"羽觞",亦是古代酒器的一种,作鸟雀状,左右形如两翼。

②金槽:指捣茶的器具,又称"金渠"。详解见黄庭坚《品令·凤舞团团饼》注释③。

③月缺:指不圆之月,此处形容将茶捣碎后的茶饼形状。圆龙:指龙团茶,因茶饼上印有龙纹而名,详解见李之仪《满庭芳》(花陌千条)注释⑨。

④素手:洁白的手,多形容女子之手。罗:细筛的一种,用于过滤流质或筛细粉末,如绢罗等。颗:泛指粒状物。

⑤鹅溪:地名,在今四川盐亭县西北,以产绢著名。雪:形容

颜色白。绢：罗网。鹅溪雪绢：指茶罗。蔡襄《茶录》："茶罗以绝细为佳，罗底用蜀东川鹅溪画绢之密者，投汤中揉洗以幂之。"幂：覆盖。

⑥云腴：指茶。云腴指山中雾气浓厚之处，茶以产于山间雾多处为佳，云腴是茶的别称。

⑦千日：即千日酒，指好酒。详解见李元膺《浣溪沙》(饮散兰堂月未中)注释⑧。千日卧，饮酒后喝醉卧千日。

⑧瑶山：即"颓山"之意，《世说新语·容止》形容嵇康醉态，若玉山之将崩："嵇叔夜之为人也，岩岩若孤松之独立；其醉也，傀俄若玉山之将崩。"此喻酒醉之人。

⑨嫌怕：恐怕。毛滂另首词《武陵春·夜观雪继而月复明》："剩落瑶花衬月明，嫌怕有纤尘。"香尘：芳香之尘，指因女子步履而生起的尘埃。涴(wò)：污染，弄脏。韩愈《合江亭》："愿书岩上石，勿使泥尘涴。"

⑩停待：等待，停留。些时：片刻，一会儿。

【赏析】

蝶恋花，词牌名，双调六十字。又名黄金缕、鹊踏枝、凤栖梧、卷珠帘、一箩金、江如练、西笑吟、明月生南浦、转调蝶恋花、鱼水同欢等。原为唐教坊曲名"鹊踏枝"，后改为"蝶恋花"，出于梁朝乐府《东飞劳伯歌》"翻阶蛱蝶恋花情"之句。

与毛滂前两首《武陵春》词的伤感情调不同，该词带来的是一种清新愉快、悠闲释然的欢愉之感，词中可见词人对饮茶的享受。

词之上片写了碾茶筛茶之景。首句"花里传觞飞羽过"，化用李白《春夜宴从弟桃李园序》中"开琼筵以坐花，飞羽觞而醉月"，以一句极简的话语描尽筵席上众人杯酒传觞之态。后四句则是对碾茶筛茶的细节展开。“渐觉金槽,月缺圆龙破”,写龙团饼在金槽中被碾破,由原来的饼状变为缺月之状,好似月亮的圆缺。此句将茶饼的变化比作月亮盈缺的变化,将碾茶的过程形象生动化,让人眼前浮现出碾茶时茶饼被逐渐碾破的场景。后二句“素手转罗酥作颗,鹅溪雪绢云腴堕”,则写的是女子用绢罗筛茶。“转罗”,指女子翻转绢罗,十分轻松,“酥作颗”形容筛过的茶细小如颗粒。“鹅溪雪绢”意在说明所用绢罗乃是最适宜的细罗,“云腴堕”则指筛过的茶末从绢罗落下。蔡襄《茶录·罗茶》写道:“罗细则茶浮,粗则水浮(指茶末粗大,水不能浸透,水和茶末不融)。”

承接上片筛茶之景的是下片饮茶后的情状。宴席上饮茶一般是在饮酒之后,作为续余欢让宾客在品味宴饮之乐的同时清神解酒。下片第一句亦是化用古诗,将卢仝《走笔谢孟谏议寄新茶》中“七碗吃不得也,唯觉两腋习习清风生”灵活运用,写出茶的解酒、提神之效。“扶起瑶山,嫌怕香尘涴”,则写出女子欲把醉倒的宾客扶起,却又担心灰尘将宾客的衣服弄脏。“瑶山”,用嵇康醉姿作比,写出宾客的倜傥之态;“嫌怕”二字,将女子搀扶醉客的心理和动作写得委婉传神。最后二句,似是于欢快中抽离,发出像如今这般喝醉轻松的状态无法留住的感慨,只希望清风能稍微停留片刻,过一会再离开。以感叹结束全词,在回味茶香之时亦给读者留有想象空间,将词中意蕴拓开延伸。

该词以诗入词,化用前人诗句,将诗意移入词中,使词境更为雅致。词中将碾茶筛茶以及饮茶之感描绘得详细生动,词句之间流露出一种轻松欢快之感,最后一句突然转折,于欢愉之处发出感叹,余味悠长。

西江月

侑茶词

毛滂

席上芙蓉待暖，花间騕褭[①]还嘶。劝君不醉且无归[②]，归去因谁惜醉。　　汤点[③]瓶心未老，乳堆盏面初肥[④]。留连[⑤]能得几多[⑥]时，两腋清风唤起。

【注释】

①褭：用丝带系马。騕褭：良马名。《文选·张衡》："斥西施而弗御兮，絷騕褭以服箱。"李善注："《汉书音义》，应劭曰：'騕褭，古之骏马也，赤喙玄身，日行五千里。'"

②无归：不回去。

③汤点：即点汤，指点茶。

④乳：指鲜白的茶末。盏面：盏口平面。肥：厚重，浓厚。

⑤留连：即流连，耽搁，拖延。

⑥几多：多少，几许。

【赏析】

此词上片写筵席上劝酒之态，下片则描绘煮茶点茶之景。

首句以筵席场景入笔，筵席是在一片芙蓉花丛中进行的，花间好似还有宾客的骏马在嘶嘶鸣叫。在此等良辰美景中，我劝你还是不醉不归，就算回去了也没有谁会怜惜醉倒的你。后二句看似是“劝君”，实则是词人对自己情况的侧面描写，说出自己孤独一人，喝醉了也没有人会关心怜惜，还不如在筵席上好好畅饮，不醉不归。芙蓉与美酒一向是文人们相聚欢谈时所好之景之物，南北朝庾信有“竟日会春台，芙蓉承酒杯”（《咏画屏风诗二十五首·其二十五》），唐代王维亦有“当轩对樽酒，四面芙蓉开”（《临湖亭》）。把酒对芙蓉，实乃人间一桩美事。

下片以“汤点瓶心未老”开头，谓点茶时将汤注于瓶中，汤水正到火候，赞美煮茶技巧之熟练。陆羽《茶经》中对煮茶有道：“其沸如鱼目，微有声为一沸，缘边如涌泉连珠为二沸，腾波鼓浪为三沸，已上水老不可食也。”讲茶水有三沸，三沸以上，则茶水过老，不可用于泡茶食用。蔡襄《茶录·候汤》亦有：“候汤最难。未熟则末浮，过熟则茶沉，前世谓之蟹眼者，过熟汤也。沉瓶中煮之不可辩，故曰候汤最难。”意思是煮水是要掌握火候，不可沸过头。词中“瓶心未老”即是讲茶水正好，没有煮过头，说明煮茶之人水平之高。“乳堆盏面初肥”，谓浮于茶盏上的茶末颇厚。《茶经》中写茶末：“及沸，则重华累沫，皤皤然若积雪耳。”可见此茶烹煮得十分好。最后二句则是写饮茶后的感受，先谓饮茶后酒意消去，但还是流连于筵席之中，即使不能停留多久，也不愿离去；后化用“七碗吃不得也，唯觉两腋习习清风生”（卢仝《走笔谢孟谏议寄新茶》），将饮茶后飘然之感道出。下片先赞美煮茶之人的技巧，侧面写出所煮之茶的难得，后道出饮茶后清神解酒之效，似有清风萦绕词间。

该词极言饮酒之乐、煮茶之术和饮茶之效，于拼酒之欢和饮茶之清闲中道出丝丝孤寂之情，“谁惜醉”、“留连”、“几多时”，上下片相互呼应，写出自己孤独一人的苦寂。

鹧鸪天

葛胜仲

婆律[1]香浓气味佳。玻璃仙碗[2]进流霞[3]。凝膏清涤[4]高阳醉[5]，灵液甘和[6]正焙芽[7]。　　香染指，浪浮花[8]。加笾[9]礼尽客还家。贯珠声断红裳散[10]，踏影人归素月[11]斜。

【注释】

①婆律：香名，亦名龙脑香、冰片。宋陆游《秋日焚香读书戏作》："婆律一铢能敌国，水沉盈握有兼斤。"

②玻璃：亦写作"玻瓈"，古为玉名，或称水玉、水晶，此指玻璃酒杯。宋欧阳修《寄圣俞》"忆在洛阳各年少，对花把酒倾玻瓈"。仙碗：对玻璃酒杯的赞美。玻璃仙碗，即指玻璃酒杯。

③流霞：美酒。北周庾信《卫王赠桑落酒奉答》："愁人坐狭邪，喜得送流霞。"

④膏：指茶饼面上的油膏。凝：表示程度深。凝膏：谓茶饼上的油膏很厚。蔡襄《茶录》："饼茶多以珍膏油其面。"此处代指好茶。清涤：清洗。

⑤高阳：详解见苏轼《阮郎归》(歌停檀板舞停鸾)注释②。

⑥灵液：本意为滋润万物的雨露，此指对水的美称。甘：味甜，味美。和：适中，恰到好处。

⑦焙：微火烘烤。芽：指芽茶、嫩茶。焙芽：烘烤芽茶。

⑧浮花：浮在液体表面的泡沫，此指浮在茶汤表面的茶乳。

⑨加笾(biān)：谓礼遇厚于常时。《左传·昭公六年》："夏，季孙宿如晋，拜莒田也。晋侯享之，有加笾。"杜预注："笾豆之数，多于常礼。"

⑩贯珠：比喻珠圆玉润的诗文、声韵，这里形容歌声圆润清亮。红裳：指跳舞的美女。

⑪素月：明月，皓月。晋陶潜《杂诗》其二："白日沦西阿，素月出东岭。"

【赏析】

葛胜仲(1072—1144)，字鲁卿，常州江阴(今属江苏)人，晚年居于丹阳(今属江苏)，谥号文康。著有《丹阳集》。

鹧鸪天，词牌名，又名思佳客、思越人、醉梅花、剪朝霞、半死梧、骊歌一叠等，双调五十五字。

词中写了酒后饮茶，宴终客散的场景。上片赞美酒美香浓之后，称颂了茶的美味和功效。以浓厚的香气开头，婆律香的香味浓厚，味道十分好闻。接着对美酒与酒杯进行描绘：将美酒倒入晶莹剔透的玻璃酒杯中。"玻璃仙碗进流霞"实为"流霞进玻璃仙碗"，将倒酒的过程写得生动。酒与酒杯的相配是十分讲究的，例如葡萄酒须用夜光杯，高粱酒须用青铜酒爵，玉露酒则须琉璃杯，等等。词中的玻璃酒杯与我们现在用的玻璃杯有所不同，古时的玻璃指的是玉的一种，称为水玉，即今之所谓水晶，美酒在如此剔透的酒杯中流转，别有一番滋味。后二句则是对茶的描绘。以茶饼面上的“凝膏”代指茶，谓茶能洗去高阳酒徒的醉意。“高阳”是“高阳酒徒”的简称，指嗜好饮酒之人，谓茶能解酒，赞美茶的功效。“茶膏”则是茶饼表面的油膏，宋徽宗《大观茶论》指出：“茶之范度不同，如人之有面首也。膏稀者，其肤蹙以文；膏稠者，其理敛以实。”意思是说：看茶的表面，就如看人的脸面，膏稀者，饼茶表面多皱纹；膏稠者，饼茶表面纹理不明显，光亮凝聚，质地坚实。显然，膏稠者，是好茶的代表，词中“凝”表示“膏”厚、稠，实乃好茶。“灵液甘和”指茶甜味适中，味道十分不错。蔡襄《茶录·味》写道：“茶味主于甘滑。”可见此茶之味美。“焙芽”是烘烤芽茶的意思，《茶录·炙茶》有写道：“茶或经年，则香色味皆陈。于净器中以沸汤渍之，刮去膏油一两重乃止，以钤(茶钤，用以焙茶的器具)箝(夹住)之，微火炙干，然后碎碾。若当年新茶，则不用此说。”可见词中所饮之茶乃是陈茶，“焙芽”即指将陈茶焙干。

“香染指，浪浮花”，分别从味和形写出烹茶的情景，谓烹茶时手指染上了茶的香味，茶面上的茶乳如花一般浮在茶面上。陆羽《茶经》：“沫饽，汤之华也。华之薄者曰沫，厚者曰饽，细轻者曰花，如枣花漂漂然于环池之上；又如回潭曲渚，青萍之始生；又如晴天爽朗，有浮云鳞然。”此二句从茶之味香和茶乳之形美赞美茶的珍贵。最后三句则写筵罢客散，“加笾”指厚于常时的礼遇，在词中即是指为众宾客提供的茶饮，意思是茶已经喝完了，宾客们都纷纷离去归家。筵席上的如珠玉般清亮圆润的歌声已经停止，各位跳舞的美女已经散去，只看见众宾客在皓月之下踏影归去。“声断”、“红裳散”指宴饮终结，“踏影人归”、“素月斜”指筵席持续到晚上方才结束。此二句看似写筵罢之后的场景，实则从听觉和视觉两方面，将筵席中的歌舞热闹和筵席后的客去寂静进行对比，动静结合，将感情融于这变化的情景之中。

词中按照时间逻辑，从筵席正兴到筵席余欢，一直到最后筵罢客散，将几种筵席情景展现在读者眼前，在称赞茶美的同时将几种情景进行对比，让人读后不禁体会个中滋味。

临江仙

和梁才甫茶词

王安中

六六云从龙戏月①，天颜带笑尝新②。年年回首建溪春③。香甘先玉食④，珍宠在枫宸⑤。　　赐品⑥暂醒歌里醉，延和行对台臣⑦。宫瓯浮雪乳花⑧匀。九重清昼永⑨，宣坐议东巡⑩。

【注释】

①六六：即六的六倍，三十六，泛指数多。云、龙：茶饼上印有云、龙图案。月：茶饼成圆形，被碾碎之后，形状不圆满，如月有圆缺。

②天颜：天子的容颜。尝新：品尝新鲜的贡品，此指品新茶。

③建溪：即建茶，详解见晁端礼《少年游》（建溪灵草已先尝）注释①。建溪春：指建茶。宋梅尧臣《吴正仲遗新茶》："十片建溪春，干云碾作尘。天王初受贡，楚客已烹新。"另首《吕缙叔著作遗新茶》："四叶及王游，共家原阪岭，岁摘建溪春，争先取晴景。"

④香甘：味香而甜。《云笈七签》："云腴（茶的异称）之味，香

甘异美,强骨补精,镇生五藏。”先:超越,居前。玉食:美食。

⑤珍宠:珍惜宠爱。宸,北极星所居,借指帝王的殿庭,亦代指王位或帝王。枫宸:宫殿。汉代宫中多植枫树,故有此称。三国魏何晏《景福宫赋》:“芸若充(覆盖)庭,槐枫被(覆盖)宸。”

⑥赐品:指皇帝分赐给臣子的茶。

⑦延和:殿名。台:即三台,亦称三能,星名;喻三公指司马、司徒、司空。台臣:指宰辅重臣。唐玄宗《集贤书院成送张说上集贤学士赐宴得珍字诗》:“集贤招衮职,论道命台臣。”

⑧乳花:指烹茶时产生的白色泡沫。浮雪乳花:形容漂浮的茶末鲜白如雪。

⑨九重:指宫门或朝廷。唐卢纶《秋夜即事》:“九重深锁禁城秋,月过南宫渐映楼。”清昼:白天。永:指长。

⑩宣坐:皇帝赐臣子坐。东巡:古代天子巡视东方。唐白居易《送东都留守令狐尚书赴任》:“翠华黄屋未东巡,碧洛青嵩付大臣。”

【赏析】

王安中(1076—1134),字履道,号初寮,中山阳曲(今山西太原)人。善属文,尤工四六、制诏,为文丰润敏拔,亦能诗词。著有《初寮集》、《初寮词》。

临江仙,词牌名,双调五十八或六十字,原为唐教坊曲。因多用于咏水仙而名,又名谢新恩、雁后归、画屏春、庭院深深、采莲回、想娉婷、瑞鹤仙令、鸳鸯梦、玉连环等。

王安中词多运思细致、字句雕琢刻意,亦有阿谀赞颂之作,该词可见一斑。由词题可知,此词是作者与朋友梁才甫的唱和之作。词上片写了建茶的珍贵,下片写了茶的功效和君臣勤勉议事。

开篇“六六”二字，点明茶多，“云从龙戏月”，将茶饼上的云龙图案描绘得栩栩如生，谓茶饼上印有云龙图案，配上茶饼如月般的圆缺之态，好似龙在云和月中嬉戏玩耍。“天颜带笑尝新”，谓皇帝能喝到新上贡的新茶，十分高兴。此词作于宋徽宗时期，词中“天颜”即指宋徽宗赵佶。徽宗在政治上虽无甚建树，但酷爱艺术，亦十分好茶，曾作有《大观茶论》，是关于茶的专论，他在书中说道：“至若茶之为物，擅瓯闽之秀气，钟山川之灵禀，祛襟涤滞，致清导和，则非庸人孺子可得而知矣，中澹闲洁，韵高致静。”可见其对茶的热爱。“年年回首建溪春”，讲每年都翘首企盼建茶的到来。建茶是宋朝的贡茶之一，产于福建，《大观茶论》记载：“本朝之兴，岁修建溪之贡，龙团凤饼，名冠天下。”徽宗极好建茶，词人所好亦然。“香甘先玉食”，即是词人对建茶味道的评价，谓建茶味香而甜，比美食的味道还要好上许多。“珍宠在枫宸”，则指建茶作为是皇帝所宠爱的贡茶，一般在皇宫中才有，一般人很难得到。上片通过写对茶味的赞美和好茶的难得，道出建茶龙团的珍惜贵重。

下片第一句写出建茶清神醒酒的功效，正如徽宗所说：“祛襟涤滞，致清导和。”后几句写煮茶时茶的形态，以及君臣和谐共处，勤勉议事。“宫瓯浮雪乳花匀”，将茶末比作白雪，“宫瓯”指皇宫中的茶盏，指茶面上的茶末鲜白如雪，分布均匀。皇宫中的白天很长，皇帝与臣子在延和殿中商议朝政。“东巡”意为古代天子巡视东方，这里代指朝中政事。“宣坐”指皇帝赐臣子坐，可见君臣之间关系融洽。下片可见词人对词句的雕琢，亦可见谀颂之态。

“宋徽宗从本质上讲是一位耽于声乐的纵垮之徒。”(诸葛忆兵《徽宗词坛研究》）词中处处可见帝王之影，“天颜”、“枫宸”、“赐品”、“延和”、“宫瓯”、“九重”、“宣坐”等，都与皇帝有直接或间接的联系，且词中这位君王似乎是一位十分勤政的好皇帝，对臣子亦是十分平易，不可不说其中多有词人的阿谀之词。虽然这些阿谀言辞不被赞许，但词中词人对建茶的喜爱与称赞仍难以忽视。

好事近

茶

王庭珪

宴罢莫匆匆，聊驻[①]玉鞍金勒[②]。闻道建溪新焙[③]，尽龙蟠苍璧[④]。　黄金碾[⑤]入碧花瓯，瓯翻素涛[⑥]色。今夜酒醒归去，觉风生两腋。

【注释】

①聊：略微，姑且，暂且。驻：停留。姜夔《扬州慢》："淮左名都，竹西佳处，解鞍少驻初程。"

②玉鞍：形容华丽的马鞍。金勒：金饰的带嚼口的马络头。这里玉鞍和金勒都是代指坐骑。唐韩翃《送田仓曹汴州觐省》："玉杯分湛露，金勒借追风。"

③闻道：听说。新焙：指刚经过烘烤加工的新茶。

④尽：全部，整个。尽龙：指一条完整的龙。蟠：盘曲，盘结。苍：青色。璧：玉器名，圆形，扁平，中间有孔，形似茶饼。

⑤黄金：指铜。黄金碾：指碾茶器具，又称金槽或金渠。

⑥素：白色。素涛：形容茶水的颜色鲜白。

【赏析】

王庭珪(1079—1171),字民瞻,号卢溪老人、卢溪真逸,吉州安福(今属江西)人。著有《卢溪文集》、《六经讲义》、《论语讲义》、《易解》、《风亭禄》等,部分已失传。

好事近,词牌名,又名钓船笛,双调四十五字。

词中先写劝客品茶,所品之茶乃是建溪新茶,下阕写烹茶情景和饮后感受。

筵席结束了,本是离去归家之时,但这里词人说道“莫匆匆”,希望大家不要着急。“聊驻玉鞍金勒”,道宾客的坐骑暂且停留一会,实则劝宾客们先不要急着离开,可以先略微停留片刻。“闻道建溪新焙,尽龙蟠苍璧”,说出留下来的原因是品尝今年建溪产的新茶。建溪分有东溪、西溪二流,于建安(今建瓯)市汇合,其两岸所产之茶,以“建溪”称之,有“建溪茶”、“建茶”、“建茗”别称,主要产区是东溪两岸的凤凰山、壑源山等地。建安有茶焙曰北苑,所产之茶常为贡茶,赵汝砺《北苑别录·序》记载道:“建安之东三十里,有山曰凤凰,其下直北苑,旁联诸焙,厥土赤壤,厥茶惟上上。……厥今茶自北苑上者,独冠天下,非人间所可得也。”“建溪新焙”即是指新产的建溪茶。“尽龙蟠苍璧”,是对龙团茶饼的描绘:新鲜茶叶为绿色,但烘烤之后呈青色,谓之“苍”;茶饼扁平,呈圆形,谓之“璧”;饼面印有龙纹,形似盘踞之态,故谓之“尽龙蟠”。上片寥寥数字即交代了饮茶缘由、场景、茶种,并对该茶外形进行了描摹。

下片写烹茶之景,将茶饼碾碎后放入茶盏中,盏中的茶水翻滚出鲜白的水浪。“黄金碾入碧花瓯”,宋代饮茶,一般先将茶饼碾碎,然后加水点之,茶水颜色以白为上等。宋徽宗《大观茶论·

色》写道:“点茶之色,以纯白为上。”“素涛色”,即是对茶色的描写,侧面道出此茶极好。最后写饮茶后酒醒神清,离去归家。“觉风生两腋”,是对卢仝《走笔谢孟谏议寄新茶》“七碗吃不得也,唯觉两腋习习清风生”的化用,道出饮茶后的感受,感觉两腋生风,飘飘欲仙。

全词以时间为叙述逻辑,将饮茶前后的情景描绘详尽。词中对建溪茶极力赞美,通过对其外形和茶汤的描摹,表达词人对该茶的喜爱。

摊破浣溪沙

茶词

周紫芝

苍璧新敲小凤团[①],赤泥开印[②]煮清泉[③]。醉捧纤纤双玉笋[④],鹧鸪斑[⑤]。　　雪浪[⑥]溅翻金缕袖,松风[⑦]吹醒玉酡颜[⑧]。更待微甘回齿颊[⑨],且留连。

【注释】

①苍璧:指茶饼,详解见王庭珪《好事近·茶》注释④。敲:指碾茶。小凤团:即凤饼,是宋代的贡茶,以模压成凤纹。

②赤泥:红色的泥土,旧时常用于酒坛封口,此指茶饼上封口所用的红泥。宋梅尧臣《李审言遗酒》:"赤泥坼封倾瓦盎,母妻共尝婢流涎。"开印:启封,指打开茶饼的赤泥封印。

③清泉:清冽的泉水。

④纤纤、玉笋:形容女子纤巧的手。

⑤鹧鸪斑:比喻沏茶后碗面呈现的斑点,详解见黄庭坚《满庭芳·茶》(北苑春风)注释⑭。

⑥雪浪：指鲜白的茶水。

⑦松风：指茶。

⑧玉：形容如玉般洁白美好的容颜。酡颜：形容喝酒后脸红的样子。

⑨更待：再等，再过一会。齿颊：牙齿与腮颊，指嘴巴。

【赏析】

周紫芝(1082—1155)，字少隐，自号竹坡居士，宣城(今安徽宣城)人。诗风爽利，自然顺畅，不堆砌典故；词风亦清丽婉曲，晓畅自然，无刻意雕凿。著有《太仓梯米集》、《竹坡诗话》和《竹坡词》。

摊破浣溪沙，词牌名，为“浣溪沙”的别体，又名“添字浣溪沙”，双调四十八字，较之“浣溪沙”上下片各增加三字。

该词虽不见一“茶”字，但全篇以“茶”为中心展开，从未拆封的茶饼，到开茶碾茶烹茶，以及之后的品茶和回味，对“茶”进行了全方位的描写。

“苍璧新敲小凤团”是对还未拆封的茶饼的描写，将小凤团茶饼比作青色的扁平圆玉，对茶饼的颜色和形状进行了物态描摹。小凤团是宋代茶叶精品，与小龙团相对，产于福建，宋叶梦得《石林燕语·卷八》：“建州岁贡大龙凤团茶各二斤，以八饼为一斤，仁宗时蔡君谟知建州，始别择茶之精者为小龙团十斤以献，斤为十饼。”欧阳修《归田录》亦写道：“茶之品莫贵于龙凤，谓之小团。”“赤泥开印煮清泉”，谓将茶饼的红泥打开，拆封茶饼。宋代盛行茶饼，作为贡品的小凤团茶，其包装必是十分讲究，茶饼有赤泥封印，饮前须拆开碾碎。茶很精美，水亦然，《大观茶论·水》中关于烹茶之水写道：“水的清轻甘洁为美，清甘乃水之自然，独为难得。古人品水，虽曰中零惠山为上，然人相去之远近，似不常得，但当取山泉之清洁者，其次则井水之常汲者为可用；若江河之水，则鱼鳖之腥，泥泞之污，虽清甘无取。”“清泉”谓清冽的泉水，水质“清轻甘洁”，即“山泉之清洁者”，好水泡好茶，必有极美的茶味。接下来写女子用其纤纤玉手烹茶，茶面形成如鹧鸪斑点的花纹痕迹。

承接上片烹茶之态的是下片开头对盏中茶汤的描写，“雪浪溅翻金缕袖”，雪白的茶汤在盏中翻滚，溅到了端茶之人的衣袖上。结合上片“醉捧纤纤双玉笋，鹧鸪斑”之句，与黄庭坚《满庭芳·茶》(北苑春风)中的“纤纤捧，研膏溅乳，金缕鹧鸪斑”有同工之妙。“松风吹醒玉酡颜”谓茶能解酒。“松风”指烹茶时茶水沸腾的声音，代指茶；“吹醒”二词用得极妙，好似酒意是被风吹走的，化静为动，把饮茶后酒意消失的过程写得活泼生动。“更待微甘回齿颊，且留连”，谓茶味隽永，齿间留香。

该词描摹尽态，动与静完美结合，将茶和烹茶生动地呈现在读者眼前，更是把茶的隽永悠长写得令人难忘留恋。

西江月

程邻

阶下宝鞍罗帕[①]，门前绛蜡纱笼[②]。留连佳客[③]怅匆匆，赖[④]有新团小凤[⑤]。　　琼碎黄金碾[⑥]里，乳浮紫玉瓯[⑦]中。归来袅袅[⑧]袖生风。齿颊余甘[⑨]入梦。

【注释】

①宝鞍：马鞍的美称。罗帕：丝织方巾，旧时女子的随身用品，亦可作佩戴饰物。唐杜甫《骢马行》："赤汗微生白雪毛，银鞍却覆香罗帕。"

②绛蜡：详解见黄庭坚《惜馀欢·茶词》（四时美景）注释⑩。纱笼：详解见秦观《满庭芳·茶词》（雅燕飞觞）注释⑯。

③佳客：贵宾，贵客。

④赖：幸而，幸亏。唐薛能《晚唐》："赖指清和樱笋熟，不然愁杀暮春天。"

⑤新团小凤：指小凤团茶，即凤饼，是宋代茶叶精品，饼面印有凤纹。

⑥琼碎：指将茶碾碎。黄金碾：详解见王庭珪《好事近·茶》(宴罢莫匆匆)注释⑤。

⑦紫玉瓯：即紫瓯，茶盏的一种。详解见秦观《满庭芳·茶词》(雅燕飞觞)注释⑩。

⑧归来：回去。袭袭：通"习习"，和煦貌。

⑨齿颊：口中。余甘：余留香甜滋味。齿颊余甘：口齿间余留着茶的香味。

【赏析】

程邻，生卒年不详，字钦之，鄱阳(今属江西)人。

该词结构与王庭珪《好事近·茶》(宴罢莫匆匆)极为类似，上片写宾客流连，饮好茶凤团新茶；下片则是烹茶情景和饮后感受。

"阶下宝鞍罗帕，门前绛蜡纱笼"，是对门外场景的描写。门外的台阶下簇拥着许多人，有骑马而来的宾客，也有身配罗帕的女子，台阶上则可以看到红色的蜡烛和纱织的灯笼。"宝鞍"本是对马鞍的美称，这里用其代指男性宾客；"罗帕"本是女子随身佩戴的饰物，这里代指门前簇拥着的女子。后一句则解释了为何大家都聚集在这里，原来是宾客们都流连此处，不愿离去，正在为匆匆离去感到惆怅。"赖有新团小凤"，幸好有小凤团茶聊以慰藉，给惆怅的宾客们带来味觉上的福音。"新团小凤"指新产的小凤团茶，是产于福建的茶叶精品，为宋代贡品，产量不高，包装精美，十分珍贵。

将茶饼放入金渠中碾碎，烹茶时可以看见茶末浮在紫盂茶盏中。这是对碾茶烹茶的描写。"琼"本指美玉，以琼喻茶，犹如王庭珪《好事近·茶》(筵罢莫匆匆)中以"苍璧"喻茶饼。"紫玉瓯"指紫砂茶盂，是茶盏的一种。陆羽《茶经》：“熟盂以贮熟水，或瓷或沙（同‘砂’），受二升。”茶沫是烹茶时产生的一层薄薄的乳花，陆羽《茶经》道：“沫饽，汤之华也。华之薄者曰沫。”最后则写饮茶后的感受，“袭袭”通“习习”，“袭袭袖生风”化用卢仝《走笔谢孟谏议寄新茶》“唯觉两腋习习清风生”，谓饮茶后感觉两腋生风飘飘欲然。最后一句同王庭珪《好事近·茶》（宴罢莫匆匆）“更待微甘回齿颊”之句，谓口中余留着茶的香味，带着茶香余味入梦，另是一番感受。

该词从客留待茶，到碾茶烹茶，再到饮后感受，从茶形、茶沫、茶味几方面表达了词人对小凤团的回味和留恋。

西江月

熟水词

吕本中

酒罢悠扬[①]醉兴，茶烹[②]唤起醒魂。却嫌仙剂[③]点甘辛[④]，冲破龙团气韵[⑤]。　金鼎清泉[⑥]乍泻[⑦]，香沈[⑧]微惜芳熏。玉人歌断恨轻分[⑨]，欢意厌厌[⑩]未尽。

【注释】

①悠扬：荡漾，飘扬。

②茶烹：即烹茶，指煮茶或沏茶。

③剂：本意是以多味药合成的药剂，这里指酒。仙剂：对酒的美称。

④甘辛：甜而微辣，多指酒味纯正。唐白居易《咏家酝》："瓮揭开时香酷烈，瓶封贮后味甘辛。"

⑤龙团：详解见李之仪《满庭芳》(花陌千条)注释⑨。气韵：气味，味道。

⑥金鼎：详解见宋陈师道《满庭芳·咏茶》(闽岭先春)注释

⑩。此指炊具。清泉：清冽的泉水。《大观茶论·水》："水的清轻甘洁为美，清甘乃水之自然，独为难得。古人品水……当取山泉之清洁者，其次则井水之常汲者为可用。"

⑦乍：突然，忽然。泻：倾注，倾倒。

⑧沈：坠落，没入水中。

⑨玉人：容貌美丽的人，美女。唐元稹《莺莺传》："隔墙花影动，疑是玉人来。"断：断断续续，形容歌声呜咽。分：分别，离别。轻分：轻易分别。

⑩欢意：欢乐的意兴。厌厌(yān)：长久，绵长貌。《诗经·小雅·湛露》："厌厌夜饮，不醉无归。"

【赏析】

吕本中(1084—1145)，原名大中，字居仁，号紫薇，世称东莱先生，谥号文清。诗学黄庭坚、陈师道，属江西诗派；词多为小令，清丽自然，风格独特。著有《春秋集解》、《东莱集》、《江西诗社宗派图》、《紫薇词》等。

由词题可知，这是一首熟水词。"熟水"，即开水，煮熟的水，熟水词是宴饮词的一种，类似于汤词，与茶词也是大同小异。宋袁文《瓮中闲评》记载："古人客来点茶，客罢点汤，此常礼也。"由此可见，与饮茶不同的是，饮茶意在迎客、留客，饮汤或熟水则是送客。此词为熟水词，正是作于筵席结束之后，送客之时。

词的开篇"酒罢"二字，即点明此时正是饮酒结束之后；"悠扬醉兴"为"醉兴悠扬"的倒装，意为宾客喝了许多酒，有十分的醉意。这时为宾客烹茶，为的是解酒消醉，使酒醉的宾客清醒过来。"却嫌仙剂点甘辛，冲破龙团气韵"，讲宾客酒意过浓，即使饮了茶，依然无法解酒，甘甜辛辣的酒味冲破龙团茶的香味，依然停留在口中。饮了上好的龙团茶还不能解酒，可见此宾客饮酒之多，亦可知此行十分尽兴。

为了解酒，饮茶之后还可饮熟水。熟水和汤都是宋人的保健饮料，往往在酒饮结束之后，饮茶解酒还犹有不足之时，然后再饮用由药材煎煮而成的熟水或汤，以达到保健的作用。熟水与汤同为保健饮品，都由药物煎成，常被混为一谈。下片“金鼎清泉乍泻，香沈微惜芳熏”，谓金鼎中清冽的泉水突然倾倒出来，香气随着水中的药材一起沉在水底，只散发出微微的芳香。熟水一般都有很好的中医保健功能，如改善血循环，纠正多种慢性肝病以及饮酒过度造成的肝损害等，如沉香汤、紫苏汤等。饮熟水实为送客，此时是为宾客将要离开的时候。最后二句“玉人歌断恨轻分，欢意厌厌未尽”，句中情意绵绵，谓美人因为怨恨这轻易的分别，歌声好似呜咽断断续续，虽是要离别之际，可欢乐的意兴仍然绵长，并未尽兴。

于酒后饮茶饮熟水，谓虽能解这酒醉之味，却解不了相思离别之苦，词中所寓惜别之意甚浓。

好事近

席上赋

毕良史

高会罢飞觞[①],方锦再移珍席[②]。雷鼎乍烹甘液[③],试问侯苍璧[④]。　　翠虬宝钏[⑤]捧殷勤[⑥],明灭粲金碧[⑦]。宾主放怀谈笑[⑧],满华堂春色[⑨]。

【注释】

①高会:盛大的宴会。罢:完毕,停止。飞觞:举杯或行觞。详解见秦观《满庭芳·茶词》(雅燕飞觞)注释①。

②珍:珍贵的、精美的食物。珍席:指筵席上有许多珍贵佳肴。

③雷:通"垒",古代一种容器,用于盛酒或水。鼎:古代炊具的一种。雷鼎:指煮茶的器具。甘液:甜美的汁液。宋文同《莲赋》:"甘液凝而露浥兮,清香馥而风递。"此处指茶水。

④苍璧:详解见王庭珪《好事近·茶》注释④。"问",疑是"闽"之误,指福建。闽侯:指产于福建茶。

⑤翠虬：青龙的别称。宝钏：以金玉等制作的手镯。翠虬宝钏：女子手上佩戴的饰物，代指女子之手。

⑥殷勤：情意恳切。

⑦明灭：忽明忽暗，这里指明亮闪烁。粲：鲜明、美好的样子。金碧：金和玉，这里指女子的首饰。

⑧放怀：纵意，开怀，放纵情怀。谈笑：说笑，形容态度从容。宋苏轼《念奴娇·赤壁怀古》："羽扇纶巾，谈笑间，樯橹灰飞烟灭。"

⑨华堂：高大的房子，这里指宴会所在厅堂。春色：本为春天的景色，比喻喜色。

【赏析】

毕良史(？—1150)，字少董，一字伯瑞，东平(今属山东)人。

从该词的题目即可得知，这首词作于宴饮之时。词中写出宴饮尾声，宾主饮茶谈笑，其乐融融的场景。

上片"高会罢飞觞，方锦再移珍席"一句，写出酒宴上高朋满座、飞觞行杯的热闹，饮酒结束后，又有珍品佳肴开始移入坐席之中。原来是有上好的茶水招待众宾客。"雷鼎乍烹甘液"，"雷鼎"实为"垒鼎"，茶具的一种，谓垒鼎中突然烹煮着极好的茶水。"乍"字有出乎意料之意，强调宾客本没意识到有茶相待，侧面写出宾客对饮茶的期待和欣喜。"试问侯苍璧"疑为"试闽侯苍璧"，试茶之意，点明所饮之茶是产于福建的团茶。"闽"指福建；苍璧本是一种礼器，颜色青黄，形状扁平圆形，类似茶饼，这里以其喻茶饼。福建是茶叶的盛产地，如密云龙、小凤团等，都是产于福建的茶叶精品。相较于其他地方，福建有着种茶的先天优势，宋子安《东溪茶录》中记载："堤首七闽(七闽：今指福建)，山川特异……厥土赤坟，厥植惟茶。会建而上，群峰益秀，迎抱相向，草木丛条，水多黄金，茶生其间，气味殊美。”团茶的清香，伴着烹茶的声音，使整个茶宴环境更为热闹。

“翠虬宝钏”是对侑茶女子的外部描写，她殷勤地为客人斟茶，手上佩戴的金玉首饰在光芒的照耀下折射出明亮绚烂的色彩。“宾主放怀谈笑，满华堂春色”，写出筵席的主人和宾客们相谈甚欢、肆纵情怀的欢快场景，这种欢乐使得整个厅堂都充满着欢喜之色。词中虽有侑茶女子，可不见丝毫脂粉气息，也不见男女柔情，女子的出现只是宴会上绚丽色彩的一部分。在描写满堂欢喜的同时，词人借景抒发自己在宴会之中的喜悦心情。

此首咏茶词记录了宴饮的整个过程，将主人的盛情、宾客的愉悦以及宴会的热闹都表现得具体生动，词人将以茶会友的乐趣蕴含在热闹的宴饮之中，读之令人无不受其感染。

好事近

倅车还阙[1]，分得茶词

赵鼎

兰烛画堂[2]深，歌吹已终瑶席[3]。碾破密云金缕[4]，送蓬莱[5]归客。　　看看[6]宣诏未央宫[7]，草诏侍宸极[8]。拜赐一杯甘露[9]，泛天边春色。

【注释】

①倅：副，辅助的。倅车：副车，后因称州郡长官副职为倅，故以就任副职为乘倅车。还阙：回朝，回京。

②兰：本意兰花、兰草，引申为芳香，常用作称美之辞。画堂：泛指华丽的堂舍。深：泛指从上到下或从外到内的距离，这里指厅堂大。

③歌吹：歌唱吹奏，或指歌声和乐声。瑶席：盛宴，指珍美的酒宴。唐刘禹锡《酬严给事贺加五品》："雕盘贺喜开瑶席，彩笔题诗出琐闱。"

④密云：指密云茶。详解见苏轼《行香子·茶词》(绮席才终)注释⑧。金缕：详解见黄庭坚《踏莎行》(画鼓催春)注释⑬。

⑤蓬莱：亦称蓬莱山、蓬壶、蓬丘，是汉族先秦神话传说中东

海外的仙岛。此处应是化用“七碗吃不得也，唯觉两腋习习清风生，蓬莱山，在何处”(卢仝《走笔谢孟谏议寄新茶》)之意。

⑥看看：估量时间之词，意为转瞬间，即将。

⑦宣诏：指帝王召见。未央宫：官殿名，始建于西汉，亦称“未央”。

⑧草诏：拟写诏书。侍：陪同或伺候尊长、主人。宸极：即北极星，借指帝王。南朝陈徐陵《为陈武帝作相时与北齐广陵城主书》：“日月所鉴，天地所明，岂敢虚言欺妄宸极。”

⑨拜赐：拜谢赐赠。甘露：本意为甘美的露水，此处一语双关，即指所饮之茶，亦指帝王恩泽。

【赏析】

赵鼎(1085—1147)，字符镇，号得全居士，解州闻喜(今属山西)人。孝宗时追谥忠简，为昭勋阁(宋理宗宝庆二年，将二十四功臣神像画于昭勋阁)二十四功臣之一。其诗浑然天成，词则婉丽。著有《忠正德文集》、《得全词》。

依据词的题目，可知此词作于作者回京之时。词的上片写了筵席终了，以茶送客；下片则写皇帝召见，御赐好茶。

首句“兰烛画堂深，歌吹已终瑶席”，交代了时间、地点。厅堂很大且十分华丽，堂中的蜡烛正在燃烧，歌声和音乐声都已经停止，这场盛大的酒宴也已经结束。后二句“碾破密云金缕，送蓬莱归客”，指出主人烹煮密云龙茶，为宾客送行。“碾破”指将茶饼碾碎；“密云”指密云龙，因茶饼上有云的图案而得名，是北宋的贡茶之一；“金缕”是茶饼面上的金丝装饰，意在表明此茶的珍贵。蔡绦《铁围山丛谈》：“‘密云龙’者，其云纹细密，更精绝于小龙团也。”为宾客送行用的是如此好茶，可见主人的热情。“蓬莱归客”

化用于卢仝《走笔谢孟谏议寄新茶》中的“七碗吃不得也，唯觉两腋习习清风生，蓬莱山，在何处”之意，用两个极为巧妙的比喻写出筵罢客散的情景：将宾客比作蓬莱仙人，将宾客的归去喻为回往蓬莱仙岛。在筵席中，茶一般是在筵席即将结束时，作为续余欢或解酒之用而出现的，饮完茶后，宾客离场，上片所写正是此景。

“看看”二字，将上片酒宴结束与下片被召入宫相联，谓筵席结束后不久就被皇上宣入宫中，在未央宫内侍奉皇上草拟诏书。后二句“拜赐一杯甘露，泛天边春色”写得极妙，“泛天边春色”为“天边泛春色”之倒装，字面理解为皇上御赐“我”一杯茶，“我”看到了远处天地交接的地方春色弥漫。情景交融，将词人内心的喜悦蕴含在“泛”“春色”之中。另外，此句有另一层含义，“甘露”指皇上御赐的恩泽，“天边”意为皇帝的身边，“春色”指喜色，此句谓拜谢皇上的恩泽，能在皇上身边很是高兴，内心充满欢喜。“泛”将“春色”的无处不在写得生动，亦将词人的欣喜之情描绘得淋漓尽致。

该篇小令，字数不多，内容却是十分丰富。不仅写了筵罢饮茶送客，亦写了入宫拜谢皇恩。词中茶出现了两次，一为“密云”，二为“甘露”，虽然茶或许不一样，饮茶的情景也有不同，但两次饮茶都带来了欢乐与开心，让人在读词的同时亦能感受到那份欣喜。

浣溪沙

夜坐

张元干

曲室[①]明窗烛吐光,瓦炉灰暖炷瓢香[②]。夜阑茗碗间飞觞[③]。

坐稳蒲团凭棐几[④],熏余纸帐[⑤]掩梨床。个中风味[⑥]更难忘。

【注释】

①曲室:密室,这里指关着门窗的小屋。

②瓦炉:用陶土烧制的香炉。宋范成大《临溪寺》:"解鞍得蒲团,卧受瓦炉供。"瓢:指"飘"。瓢香:指香味在空中飞扬、浮动。

③阑:将尽,将完。夜阑:夜残,夜晚将尽时。唐杜甫《羌村》:"夜阑更秉烛,相对如梦寐。"茗碗:茶碗。间:间或,偶尔。表示动作、事情时断时续地发生。飞觞:指举杯。

④蒲团:用蒲草编成的圆形垫子。凭:靠着。棐(fěi):通"榧"。棐几(jǐ):用榧木做的几桌(条几,条案),泛指几桌。

⑤纸帐:以藤皮茧纸缝制的帐子。明高濂《遵生八笺》:"用藤皮茧纸缠于木上,以索缠紧,勒作皱纹,不用糊,以线折缝缝之。

顶不用纸,以稀布为顶,取其透气。”

⑥个中:此中,其中。宋陆游《对酒》:“个中妙趣谁堪语,最是初醺未醉时。”风味:美味。

【赏析】

张元干(1091—1161),字仲宗,号真隐山人、芦山居士,福建永福(今永泰)人。其词多慷慨悲凉,又不乏妩秀,与张孝祥号称“词坛双璧”,著有《芦川归来集》、《芦川词》。

该词写于夜晚,词人坐于屋内饮茶。开篇即点明地点和时间,“曲室明窗烛吐光”,此时是夜晚,房间的门窗都关着,蜡烛散发的光芒穿过窗户,使得窗户都十分明亮。“吐”字用得非常灵动,好似将蜡烛的光芒写得有了生命一般。“瓦炉灰暖炷瓢香”,则写了室内的场景和味道,香炉正在燃烧,炉中的灰尘都是温暖的,灯烛的香味也在空气中飞扬。“暖”,将深夜的寒凉褪去,带给人内心温暖的慰藉;“瓢香”将空气中弥漫的味道写得有形有味,把原本沉寂的氛围写得灵动温暖。“茗碗间飞觞”谓偶尔举起茶杯,此句谓夜晚即将离去的时候,“我”还在屋内饮茶。

“我”坐在蒲草垫子上,倚靠着榧木条几,房中梨床上的藤皮茧纸帐子被放下,遮掩了床内的情景。此中的美味让人更加难忘。下片几句注重描写室内的场景,将词人所处的环境以一幅画的形式呈现在读者眼前,配合着温馨的场景,茶的味道更是令人无法忘怀。

词中关于茶的描写仅有两句,分别是上片最后一句和下片最后一句,上句写饮茶这件事情,下句则写茶味难忘。虽然词中并未对茶进行更多的描写与称颂,也并未直接写茶的滋味,但词中所营造的场景的温暖温馨,似乎更加能让人想象出茶味的甘甜。

临江仙

登泗州[①]岭九首·其三

邓肃

春雪一瓯扶醉玉[②],翩翩[③]两腋生风。柳腰无力殢[④]云踪。陈郎投辖[⑤]意,分袂[⑥]忍匆匆。　　白玉琢杯龙麝[⑦]泛,瀼瀼天酒[⑧]争浓。何妨一饮上青骢[⑨]。晴空行夜[⑩]月,缓辔水晶宫[⑪]。

【注释】

①泗州:历史地名,存在于北周到清朝之间,辖地大概在今安徽东部与江苏西北部一带,最后的州城在现在的泗县(今属安徽)城。

②春雪:指茶。醉玉,即"醉玉颓山",详解见黄庭坚《满庭芳·茶》(北苑春风)注释⑰。

③翩翩:飘动貌。

④柳腰:比喻女子纤细的身腰。殢:滞留。

⑤陈郎投辖:出自《汉书·陈遵传》:"遵耆酒,每大饮,宾客满堂,辄关门,取客车辖(车轴两端的键)投井中,虽有急,终不得

去。”谓东汉陈遵善饮好客，后以此指主人殷勤留客。

⑥分袂：离别。唐李山甫《别杨秀才》：“如何又分袂，难话别离情。”

⑦白玉：白色的玉。白玉琢杯，指用白色的玉雕琢而成的杯子。龙麝：龙涎香与麝香的并称，这里指香味。

⑧瀼瀼：露浓的样子，这里指空中水汽浓重。天酒：甘露，甘美的露水。汉东方朔《神异经》：“西北海外有人……但日饮天酒五斗。”张华注：“天酒，甘露也。”

⑨何妨：不妨，无碍。青骢：毛色清白相间的骏马，这里代指骏马。

⑩晴空：晴朗的天空，这里指天气好。行夜：巡夜。

⑪缓辔：放松缰绳，骑马慢行。水晶宫：又作“水精宫”，原意为用水晶装饰的宫殿，这里是对泗州的美称。宋姜夔《惜红衣》词序：“吴兴号水晶宫，荷花甚丽。”

【赏析】

邓肃（1092—1133），字志宏，号栟榈，南剑州沙县（今属福建）人。著有《栟榈集》等。

此词写了饮茶解酒后，与人分别，骑马缓行。

上片开头即写了饮茶解酒之事。“春雪”指春茶，因为茶经过烹煮或点茶之后，茶面会形成一层白色的茶沫，颜色犹如白雪，如“雪乳泛瓯”（李之仪《满庭芳》（花陌千条））、“香雪透金瓶”（舒亶《醉花阴·试茶》（露芽初破云腴细））等，故以“春雪”喻春茶。蔡襄《茶录》对茶水评论道：“雪涛为上，翠涛为中，黄涛为下。”词中茶水颜色白如雪，可见此茶甚好。“春雪一瓯扶醉玉”，饮一杯春茶，就可以扶起酒醉的身体，谓茶能解酒。“翩翩两腋生风”化用

"唯觉两腋习习清风生"(卢仝《走笔谢孟谏议寄新茶》)之句,写出饮茶后飘飘欲仙之感。后三句写词人离去,忍痛分别。"柳腰无力殢云踪"指女子身量纤细柔软,滞留此地。"陈郎投辖意,分袂忍匆匆",借用陈遵善饮好客的典故,说出即使女子真情恳切地想要留下"我",但"我"还是忍住悲痛匆匆离去。

"白玉琢杯"指用白玉雕琢而成的杯子,极言杯子的精美;"龙麝泛"谓空气中弥漫着浓浓的香味。这香味极为浓厚,好似要与空气中浓重的露水、水汽一较高下。通过拟人、对比的手法,间接写出此处空气的浓香,令人不禁身感其中。后三句一转前面的浓厚,写得清丽明快。不妨喝了一杯之后再上马离去,在这皓月当空的夜晚,放松缰绳,缓行于泗州城中。"一饮"指喝一杯,应是指喝一杯茶。"晴空"为天气晴朗,好似与"行夜"相矛盾,实则词人用"晴空"二字,意在说明此时天气极好,皓月当空,月华如水。在如此舒适的夜晚,骑马缓行于城中街道,赏月赏景,十分惬意欢快。

整体上看,该词的节奏是明快的,即使面对分别,也没有过大的感情起伏。词中对茶的描写仅限于其能解酒清神,饮后有飘飘然之感,让人体会一份闲适与悠然。

西江月

和董令升燕宴分茶[①]

王之道

磨急锯霏琼屑[②],汤鸣车转羊肠[③]。一杯聊解水仙浆[④]。七日狂酲顿爽[⑤]。　　指点红裙劝坐[⑥],招呼岩桂分香[⑦]。看花不觉酒浮觞[⑧]。醉倒宁辞鼠量[⑨]。

【注释】

①燕:通"宴"。燕宴:宴饮,宴请。分茶:是宋人泡茶的一种方法,即以开水注入茶碗,用泡沫表现字画,是古代烹茶待客之礼,亦是表现力丰富的茶艺。唐韩翃《为田神玉谢茶表》有:"晋臣好客,才有分茶。"

②磨急:形容碾茶速度极快。霏:纷落貌。琼屑:玉屑,常比喻莹洁的碎末,这里指碾碎后的茶末。元耶律楚材《西域从王君玉乞茶因其韵》:"黄金小碾飞琼屑,碧玉深瓯点雪芽。"

③车转:车轮转动。羊肠:比喻狭窄曲折的小路。

④聊:略微,丝毫。解:免除,解除,消除。浆:古代一种微酸的

饮料。水仙浆：代指酒。

⑤狂酲：大醉。《庄子·人间世》："南伯子綦游乎商之丘，见大木焉……嗅之则使人狂酲，三日而不已。"王先谦集解引李颐曰："狂如酲也，病酒曰酲。"爽：舒畅，舒服。

⑥指点：以手指或其他物点示，或指示点播之意。红裙：指美女。唐韩愈《醉赠张秘书》："不解文字饮，惟能醉红裙。"劝坐：劝人坐下。

⑦招呼：用言语或肢体动作表示问候、呼唤，这里指呼唤歌妓侑茶的动作。岩桂：木樨的别称，即桂花，此花花朵茂密、香味甜郁。分：分散，散发。分香：指散发出香味。

⑧不觉：没有发觉，没有感觉。浮觞：指饮酒。

⑨辞：解说，辩解。鼠量：比喻酒量很小。

【赏析】

王之道(1093—1169)，字彦猷，庐州濡须(今安徽巢湖)人。为人慷慨有气节，其文明白晓畅，诗亦真朴有致。著有《相山集》、《相山居士词》等。

此首茶词是一首宴饮之作，据词序可知，这是词人与好友董令升的唱和之作。词中上片写了碾茶烹茶以及茶能解酒，下片则对歌妓侑茶进行了描写，展现了酒宴的风雅与风情。

词的开篇即写碾茶之状。"磨急锯霏琼屑"谓碾茶速度十分之快，如玉屑的茶末从茶饼上纷纷落下。明张源《茶录·汤用老嫩》道："蔡君谟汤用嫩而不用老，盖因古人制茶造则必碾，碾则必磨，磨则必罗，则茶为飘尘飞粉矣。"蔡君谟即蔡襄(1012—1067)，其所著《茶录》是古代汉族饮茶论著，是宋代重要的茶学专著。"茶为飘尘飞粉"即是对宋时碾茶罗茶情景的描绘，与词中

“磨急锯霏琼屑”可谓相同。“汤鸣”句则是对烹茶煮茶的描写，将烹茶的声音比作车在羊肠小道上行驶时，车轮转动所发出的声音，比喻细致贴切，可见词人对烹茶的关注。后二句进而对茶效进行称颂。一杯茶就可以稍微消解醉意，好似大醉了七天七夜之后立马就感到全身舒适畅快。将茶比作“水仙浆”，一杯茶就可以解酒，极言茶的解酒功效极好。上片四句分别用比喻和夸张的手法，词人用其独特的想象力，将碾茶时茶末四溅和烹茶时茶汤鸣响描绘得形象生动、活灵活现，更对茶的解酒清神之效极尽赞美。

下片主要描绘了歌妓侑茶献艺。劝说美人坐下，请她侑茶献艺。歌妓的曼妙风情好似空气中的浓浓桂花香味，弥漫于整个宴会之间，无处不在。“看花”是看桂花，更是看歌妓，一时看入迷了，竟不知不觉见又饮了许多酒。最后一句写得甚是有趣，谓词人因看美人入迷而饮酒醉倒，却不愿承认是因为看美人的缘故，宁愿辩解说是因为自己酒量小。饮酒品茗本就是人生一大快事，再加上有美人在侧为伴，宴会的欢乐情韵更胜一筹。

词中情感基调欢快，虽有歌妓出现，亦有歌妓穿梭于宴会之间，却不见浓厚的脂粉，只见歌妓带来的风雅的茶艺表演，为宴席增添了不少的乐趣，亦成为宴席上的亮点。词人在享受好茶美酒的同时，亦十分关注碾茶烹茶的情景细节，可见词人是一位十分懂得生活且心细之人。

醉蓬莱

杨无咎

见禾山凝秀[①],禾水澄清[②],地灵境胜[③]。天与珍奇[④],产凌霄[⑤]峰顶。嫩叶森枪[⑥],轻尘飞雪[⑦],冠中州双井[⑧]。绝品家藏[⑨],武陵[⑩]有客,清奇[⑪]相称。　　坐列[⑫]群贤,手呈三昧[⑬],云[⑭]逐瓯圆,乳随汤迸。珍重殷勤[⑮],念文园多病[⑯]。毛孔生香[⑰],舌根回味[⑱],助苦吟幽兴[⑲]。两腋风生,从教飞到,蓬莱仙境[⑳]。

【注释】

①禾山:在江西省永新境内,位于永新西北边陲,与江西永宁镇和湖南茶陵县毗陵,区内高峰七十余座,历史上众多文人如徐霞客、欧阳修、黄庭坚等均上此山游览,并留下诗文。凝:表示程度很深。凝秀:指非常秀丽,十分秀美。

②禾水:亦在江西境内,为从禾山流出的水流。澄清:清澈,明洁。

③地灵:土地山川灵秀。境:地域,处所。胜:形容事物优越、美好,特指优美的山川或古迹。

④与：给予，奖赏。珍奇：珍贵奇异的物品。

⑤凌霄：指迫近云霄的峰顶，谓峰顶极高。明孙承宗《答袁节寰中丞》："以凌霄夜雪鹅池，对六花而视草。"

⑥森：众多、茂盛的样子。《后汉书·张衡传》："百神森其备从兮。"李贤注："森，众儿貌。"枪：特指茶树初萌的嫩芽。

⑦轻尘：指尘土，尘土质轻，易于飞扬，故称。飞雪：比喻飞扬的尘土。

⑧中州：中原。双井：古地名，在今江西修水县，黄庭坚故乡，因路边两口井而得名。其地所产茶称为双井茶。此处应指双井茶，苏轼《西江月·茶词》(龙焙今年绝品)称赞道："雪芽双井散神仙。"

⑨家藏：家中收藏的。

⑩武陵：指桃花源。出自陶渊明《桃花源记》："武陵人捕鱼为业。"这里指贵客。

⑪清奇：美妙奇异。

⑫坐列：指端坐在筵席上的人。

⑬三昧：本指奥妙、诀窍，这里指高明的点茶技巧。宋苏轼《送南屏谦师》："道人晓出南屏山，来试点茶三昧手。"

⑭云：比喻茶面的白色茶沫。

⑮珍重：爱惜，珍爱。珍重殷勤：指内心十分珍惜。

⑯文园：代指司马相如。《史记·司马相如列传》记载："相如拜为孝文园令。"文园多病：指司马相如有消渴疾。唐杜牧《为人题赠》："文园终病渴，休咏白头吟。"详解见舒亶《醉花阴·试茶》(露芽初破云腴细)注释⑧。

⑰毛孔：汗孔。唐卢仝《走笔谢孟谏议寄新茶》："四椀发轻

汗,平生不平事,尽向毛孔散。”生香:散发香气。

⑱回味:食后的余味。

⑲苦吟:指在诗歌创作中采取极度严谨认真的态度,对每个词句都反复推敲,以求能获得最好的效果。幽兴:幽雅的兴味。

⑳从教:听任,任凭。宋韦骧《菩萨蛮》:“白发不须量,从教千丈长。”“两腋”句:化用卢仝《走笔谢孟谏议寄新茶》“七碗吃不得也,唯觉两腋习习清风生,蓬莱山,在何处”。

【赏析】

杨无咎(1097—1169),字补之,号逃禅老人,又号清夷长者,清江(今属江西)人,后寓居豫章(今江西南昌)。诗书画俱佳,以画梅著称,有“透梅肝胆人梅心”之誉。著有《逃禅词》。

醉蓬莱,词牌名,又名雪月交光、冰玉风月,双调九十七字,上阕十一句,下阕十二句。

该词的上片对茶所生长的地方进行了描写,下片则描绘烹茶情状,赞美点茶技巧,以及论述茶的功效。

“凝秀”、“澄清”是对茶所生长的山峰和水源的评价,“地灵境胜”概括茶之产地的灵秀美好。据《明史·地理志》中记载:“永新府西南,元永新州,洪武二年正月降为县。东南有义山。西有秋山,一名禾山,禾水出焉,一名永新江,下流至泰和县入于赣江。”可知禾山位于江西永新,毗陵茶陵县与永宁镇。茶陵县是盛产好茶之地,是中国历史上唯一个以茶命名的行政县,因地处“茶山之阴”,且始祖炎帝神农氏“崩葬于茶乡之尾”而得名。永宁镇亦拥有极为优越的产茶水土,“永宁府西南。北有七溪岭。西有浆山水,源自湖广茶陵州界,流经县南,合于永新县之禾江。”(《明史·地理志》)词的开篇三句,即交代了茶所生产的地方,谓此地有先天的地理优势。“天与珍奇,产凌霄峰顶”,写茶是上天赐予的珍美物品,它吸取万物精华,得上天孕育而生,长在禾山极高的峰顶上。“嫩叶”三句是对茶叶的细描,谓双井茶的鲜嫩叶子还未完全展开,蜷缩如枪,是整个中原数一数二的好茶。宋王得臣《尘史·诗话》写道:“闽人谓茶芽未展为枪,展则为旗,至二旗则老矣。”词中喻茶为枪,意在说明双井茶的鲜嫩。北宋欧阳修的《归田录》亦记载:“草茶盛于两浙,两浙之品,日注为第一。”“自景祐以后,洪州双井白芽渐盛,近岁制作尤精,囊以红纱。”写得正是双井茶日渐名盛,逐渐超越原本位居第一的两浙日注茶。“绝品”三句则是从侧面称赞双井茶,谓双井茶是家中收藏的好茶,贵客登临时皆用此茶招待,都称赞此茶极为美妙奇异。通过招待贵客以及他人对该茶的称赞,表达词人对双井茶的喜爱。

之后词人对烹茶的情状进行了细致描写,向读者再现了点茶技巧与烹茶情状以及茶形茶香。“坐列”四句,写在座宾客都是德才兼备的人,每人都是点茶能手,杯内茶面的茶沫围着茶盏呈现圆形的形状,茶和水融为一体,茶乳随着水的注入涌出。宋代点茶是将茶末放在盏中,注入少量沸水调成糊状,然后再注入沸水,或者直接向茶碗中注入沸水,同时用茶筅搅动,茶末上浮,形成粥面。点茶时通常是用一只手执壶往茶盏点水(点水时,要有节制,落水点要准,不能破坏茶面);与此同时,另一只手用茶筅旋转打击和拂动茶盏中的茶汤,使之泛起汤花(茶乳),称之为“运筅”或“击拂”。所以,严格说来,如果想创造出点茶的最佳效果,须注意三点:一是调膏,二是有节奏地注水,三是茶筅击拂要视情况而有轻重缓急。这种高明的点茶能手,被称之为“三昧手”。宋徽宗赵佶《大观茶论·点茶》亦有记载:“妙于此者,量茶受汤，调如融胶，环注盏畔，勿使侵茶。”词中不仅直接称颂宾客为“三昧”，还从茶面茶状侧面指出宾客的点茶技巧极为精到。最后几句则是对茶之功效的一一列举：“念文园多病”，借用司马相如的消渴疾，谓茶能治疗消渴病；“毛孔生香，舌根回味，助苦吟幽兴”，写茶香遍布全身，回味悠长，可助雅兴，写出好词，与卢仝《走笔谢孟谏议寄新茶》中“三碗搜枯肠，惟有文字五千卷”所谓茶效相似，黄庭坚《满庭芳·茶》“搜搅胸中万卷，还倾动、三峡词源”亦有此说；“两腋风生，从教飞到，蓬莱仙境”更是化用卢仝同诗“七碗吃不得也，唯觉两腋习习清风生。蓬莱山，在何处？玉川子乘此清风欲归去”之句，谓饮茶后飘飘欲仙、超凡脱俗的神奇体验。这几句是词人对茶的论述部分，通过借用典故和化用前人诗句，列举茶的种种功效，使茶的形象更加完美脱尘。

全词叙论结合，从双井茶的生长环境到点茶烹茶，再到最后饮茶的功效感受，对双井茶进行了全方位的描述与议论，使该茶之形象更为完整，在表达词人对茶的理性热爱的同时，亦令读者对该茶有了更深更完整的了解和认识。

朝中措

杨无咎

杯盘狼藉烛参差[1]。欲去未容辞[2]。春雪看飞金碾[3]，香云旋涌花瓷[4]。　雍容四座[5]，矜夸一品[6]，重听新词[7]。归路清风生腋，不妨轻捻吟髭[8]。

【注释】

①杯盘狼藉：亦作“杯盘狼籍”，指杯盘等放得乱七八糟，形容宴饮已经或将要结束的情景。《史记·滑稽列传》：“日暮酒阑，合尊促坐，男女同席，履舄交错，杯盘狼藉。”参差：不整齐的样子。

②去：离开。容：可以，允许。辞：告别，辞别。

③香雪：形容颜色微白的新茶。金碾：研磨茶叶的工具，同“金渠”、“金槽”，详解见黄庭坚《品令·茶词》(凤舞团团饼)注释③。

④香云：形容颜色洁白的茶乳茶沫。花瓷：绘饰花纹图案的瓷器，这里指茶盏。

⑤雍容：舒缓、从容不迫，形容仪态温文大方。四座：亦作“四坐”，指四周座位上的人。这里指宴席上的众宾客。

⑥矜夸：同“矜侉”，夸耀。汉班固《东都赋》：“子实秦人，矜夸馆室，保界河山，信识昭襄而知始皇矣。”一品：一等，第一等，这里指上品好茶。

⑦新词：新作的词，这里指筵席上所写的侑宴词。

⑧不妨：可以。捻：用手指搓或转动。吟髭：诗人的胡须。唐杜荀鹤《乱后再逢汪处士》：“笑我于身苦，吟髭白数茎。”

【赏析】

朝中措，词牌名，双调四十八字，又名照江梅、芙蓉曲、梅月园。

此词作于宴会之上，是宴会接近尾声时为饮茶助兴而作的侑茶词。词的上片描绘了宴饮将要结束时的混乱场面，以及主人殷勤留客、碾茶烹茶的情景；下片则是从宾客对茶的称赞，以及饮茶后的感受赞美该茶的珍美。

“杯盘狼藉”、“参差”二词是对宴会场景的描绘，谓此时桌子上的杯子和盘子摆放得乱七八糟，燃烧的蜡烛也长短不齐，整个场面堪称混乱。这正是宴席将要结束的时候，词人本想离去，可是禁不住主人的殷勤挽留，最终还是没有辞别。饮茶一般是宴饮尾声时主人用于挽留客人，或者尽宴饮余欢之用，词中宴会主人正是准备好茶挽留众宾客。“春雪看飞金碾，香云旋涌花瓷”二句，描绘的是碾茶、烹茶的情景。将新茶放入金槽中碾碎，茶末好似春雪一般纷纷飘落；将茶末比作“春雪”，谓该茶颜色微白，茶叶鲜嫩，质轻如雪。花瓷茶盏中白色的茶乳好似带着香味的浮云般，在茶面旋转涌出；将茶乳比作“香云”，谓茶乳颜色洁白，味道香美。上片四句描写与叙述结合，从茶的形、色、味等方面展现茶的精美。

下片前三句是对宴会上众宾客的描写，谓在座的众宾客从容不迫、姿态雍容，都夸赞这茶是一等一的好茶，品茶的同时还欣赏众人所作的侑宴词。这几句不仅展现了宴会上众人的情状，交代了宾客品茶作词的雅事，还从侧面借他人的评价表达词人自己对该茶的赞美。“归路清风生腋”，写宴会结束后在回家的路上感觉到风生两腋，此句化用卢仝名句“七碗吃不得也，唯觉两腋习习清风生”（《走笔谢孟谏议寄新茶》），谓饮茶后飘飘然之感。“不妨”句写手捻胡须，呈现出一种悠然闲适的姿态。好宴好茶，还有好诗好词，风雅之情韵流露于字里行间。

该词从宴会场景的描绘到饮茶后感受的描写，盛赞主人热情的同时，从直接和间接两个角度赞美了该茶的珍贵美味，茶之香美弥漫于整个风雅的宴会之中。

朝中措

熟水[①]

杨无咎

打窗急听□然汤[②]。沈水剩熏香[③]。冷暖旋投冰碗[④]，荤膻一洗诗肠[⑤]。　　酒醒酥魂[⑥]，茶添胜致[⑦]，齿颊生凉。莫道淡交如此，于中有味[⑧]尤长。

【注释】

①熟水：本指古代的一种保健饮料，这里指煮好的茶汤。

②然：同“燃”。然汤：指开水声。

③沈水：亦作“沉水”，借指沉香。晋嵇含《南方草木状·蜜香沉香》：“木心与节坚黑，沉水者为沉香。”剩：更，更加。熏香：芬芳。

④冰碗：这里指茶盏、茶杯。

⑤荤膻：本指有辛味的菜与牛羊肉，这里指饮茶之前所吃的食物。诗肠：诗思，诗情。唐孟郊《哭刘言史》：“精异刘言史，诗肠倾珠河。”

⑥酥：酒的别名，宋窦苹《酒谱·异域酒》：“天竺国谓酒为

酥。”亦或指受到刺激后，身体发软。酥魂：形容饮酒后的状态。

⑦胜致：高雅的情趣。

⑧味：味道；意味，情趣。

【赏析】

该词写了茶能清肠解酒的功效，以及回味悠长的特点，咏茶的同时另含隽永的深意。

上片写坐在窗边煮水烹茶，听到水开的声音，闻到沉香散发出的芳香。许是场景或心情的缘由，好似连沉香的味道都更为浓郁，道出词人此时心情的愉快。将茶和水放入茶盏中，饮一杯茶，肚子中的荤膻为之一洗，只剩下满腹诗情。“冷”、“暖”应是分别指茶和水，茶是冷的，谓之“冷”，水是煮开的，故谓之“暖”；“冷暖旋投冰碗”，意思是用开水泡茶。后二句写茶能帮助清理肠胃，还能触发诗情诗思；好似黄庭坚《满庭芳·茶》中的“搜搅胸中万卷，还倾动、三峡词源”之说。

下片开头亦是赞美茶的功效，写茶能解酒，让人神清气爽，还能增添兴致，使情趣更为高雅。“齿颊生凉”则是对饮茶感受的直接描写，谓饮茶后，感觉口中生出凉爽之意。从精神和身体两个角度，写出词人饮茶之感。最后二句，“莫道淡交如此，于中有味尤长”，写茶味虽淡，但回味悠长，好似君子之交，虽平淡如水，但情意却极为深远。此句有双关之意，不仅突出了茶的回味悠长的特点，还将之比作君子之交，表达词人对君子之交的欣赏赞美；同时也将茶比作君子，可见词人对茶的热爱。

该词从多个角度赞美茶的功效和美味，体现了词人对茶的了解，表达其对茶的极爱之情。词的最后意蕴深长，不仅延长了茶的回味，亦将词中意境延伸，于咏茶中表达作者更为深刻的人生情感体验。

玉楼春

茶

杨无咎

酒阑未放宾朋散[①],自拣冰芽[②]教旋碾[③]。调膏初喜玉成泥[④],溅沫共惊银作线[⑤]。　　已知于我情非浅,不必宁宁书碗面[⑥]。满尝乞[⑦]得夜无眠,要听枕边言语软。

【注释】

①酒阑:详解见苏轼《行香子·茶词》(绮席才终)注释③。放:散放,释放。宾朋:宾客朋友。散:分散,由聚集而分离。这里指没有让宾客离开。

②自:亲自,自己。拣:选择,挑选。冰芽:指茶叶。宋黄儒《品茶要录·白合盗叶》:"拣芽则不然,遍园陇中择其精英者尔。"

③教:能。晏几道《虞美人》:"罗衣着破前香在,旧意谁教改?"旋碾:指碾茶。宋蔡襄《茶录·碾茶》:"碾茶先以净纸密裹捶碎,然后熟碾。其大要,旋碾则色白,或经宿则色已昏矣。"

④调膏:点茶的步骤之一,指视茶碗大小,将适量茶末放入

茶碗中,加入少量沸水调成膏状。玉成泥:指茶经过调膏后变成糊膏状。

⑤溅沫:飞溅的水花,这里指茶汤。银:形容茶汤色白。

⑥不必:无须,没有必要。书:书写,记录,这里指表达之意。碗面:指这碗茶。

⑦满尝:指将一碗茶喝完。乞:祈求,请求。

【赏析】

这首茶词亦是写于宴饮将要结束之时，借对茶的赞美称颂了主人的热情,以及夸赞了主人极高的点茶技艺。

上片写了点茶过程,称赞点茶技艺高超。首句“酒阑”二字即点明时间,是在酒宴快要结束的时候;但是此时主人并没有让宾客离场,“未放宾朋散”直接说出主人殷勤留客的热情。后四句分别将酒宴主人拣茶、碾茶、调膏、注汤、击拂的点茶过程详细地呈现在读者眼前。“自拣”句,写的是主人亲自挑拣茶叶,并将茶叶碾碎的过程。拣茶是指挑选茶叶,茶芽质量不齐,故需挑拣:芽先蒸熟,浸于水盆中只挑如针细的小蕊制茶者为“水芽”,水芽是芽中精品,小芽次之,中芽又下。词中“冰芽”即指上等芽茶。“调膏”句写的是点茶的第一步,即“调膏”,就是视茶盏大小,用勺挑适量的茶末放入茶盏,再注入少量沸水,将茶末调成浓膏状,以粘稠为度。“玉成泥”即是写盏中茶末变成膏状的过程。“溅沫共惊银作线”写的是点茶的后两步:注汤,击拂。点茶过程中,将茶末调成膏状后,再注入沸水,同时用茶筅搅动,茶末上浮,形成粥面。注汤与击拂是同时进行的,通常是一手拿壶往茶盏点水,同时另一只手用茶筅旋转打击和拂动茶盏中的茶汤，使之泛起汤花(泡沫),称之为“运筅”或“击拂”。“溅沫”即是注汤击拂时溅出的茶汤，“银作线”形容茶汤颜色鲜白，溅出的茶汤好似丝线一般。宋蔡襄《茶录·论茶》有：“茶色贵白。”由此可见词中的酒宴主人点茶技艺的高绝，茶亦是上品好茶。

下片由事转情，浓浓茶汤中飘荡的是浓浓深情。不仅有朋友间不必言说的情深默契，亦有闺房中你侬我侬的浅浅私语。“已知于我情非浅，不必宁宁书碗面”，谓早已知晓宴会主人的热情和深情，没有必要这么辛苦地借这一碗茶来言说。“满尝乞得夜无眠，要听枕边言语软”，谓希望喝下这满满一碗茶后能得一夜无眠，这样就可以听到枕边人的娇言软语。由友情向闺情的转换不显造作，好似闺情是对这浓浓友情的延续，极言词人对宴会主人的感谢。同时也点明茶能解酒，还有清神醒脑的功效。浓浓茶汤和袅袅茶烟中，易见宾主之间的和谐与欢笑，又似能想象词人归去后的闺中之乐。

该词主要围绕宴会主人的盛情，将碾茶、点茶的过程描绘得生动细致，谓词人被主人的热情感动，同时又赞美了茶的珍美、点茶技巧的精绝以及茶效的显著。词中萦绕的深深情感，令人读之感到温暖舒适。

如梦令

史浩

一笑尊[①]前相语[②]，莫遣[③]良辰虚度[④]。饮兴[⑤]正浓时，兔碗[⑥]聊分春露[⑦]。留住[⑧]。留住。催办后筵[⑨]歌舞。

【注释】

①一：都，一概。尊：亦作"樽"、"罇"，古盛酒器。樽前：在酒樽之前，指酒筵上。

②相语：相互谈说。唐韩愈《此日足可惜赠张籍》："舍酒去相语，共分一日光。"

③遣：使，让。北魏贾思勰《齐民要术·杂说》："禾秋收了，先耕荞麦地，次耕余地，务遣深细，不得趁多。"

④良辰：美好的时光。虚：空无所有。虚度：指白白地度过。

⑤饮兴：酒兴。唐刘禹锡《送蕲州李郎中赴任》："楼中饮兴因明月，江上诗情为晚霞。"

⑥兔碗：指兔毫盏。兔毫盏是宋代饮茶用盏之一，为福建建窑最具代表的产品之一，在黑色釉中透露出均匀细密的筋脉状

白褐色纹饰，犹如兔子身上的毫毛一样纤细柔长，其造型为敞口、深腹、汪圈足，胎厚色黑，胎体厚实、坚致，色呈浅黑或紫黑，器型以碗、盏为主，部分茶盏底部刻印有“供御”或“进贡”字样。民间称“银兔毫”、“金兔毫”、“蓝兔毫”等。

⑦聊：姑且，暂且。春露：春天的甘露，这里指茶。分春露：指分茶，详解见王之道《西江月》(磨急锯霏琼屑)注释①。

⑧留住：等待，这里指劝宾暂且留下，莫要离开。

⑨后筵：指宴礼。明陈继儒《群碎录》：“前筵后筵，古享礼犹今前筵；古宴礼犹今后筵。”

【赏析】

史浩(1106—1194)，字直翁，号真隐居士，明州鄞县(今浙江宁波)人。赐谥文惠。工诗词，多应社应景之作，著有《鄮峰真隐漫录》、《真隐园铭》。

如梦令，词牌名，单调三十三字，又名忆仙姿、宴桃源。五代时后唐庄宗李存勖所创。宋苏轼《如梦令》注：“此曲本唐庄宗制，名《忆仙姿》，嫌其名不雅，故改为《如梦令》。庄宗作此词，卒章云：‘如梦，如梦，和泪出门相送。’因取以为名云。”

该首小令作于酒筵之上，写了酒筵的热闹与筵上饮酒品茶之事。首句即给全词做了情感铺垫，“一”指筵上所有的人，包括所有宾客和主人，“一笑尊前相语”谓酒宴上众人都谈笑宴宴，十分欢快高兴。“莫遣”句既是对筵席上众人的劝告，也是对读者的殷勤忠告：要珍惜机会，不要白白地浪费了美好的时光。

第三、四句写了酒宴上众人饮酒品茶之事：饮酒正在兴头上的时候，主人又备了好茶招待。兔碗是宋代有名的饮茶盏，许多好茶之士都对此有过论述。宋徽宗赵佶在《大观茶论》中曾这样评道:“盏色贵青黑,玉毫条达者为上。”苏东坡有“忽惊午盏兔毫斑,打出春瓮鹅儿酒”(《送南屏谦师》)之句,杨万里也有“鹰爪新茶蟹眼汤,松风鸣雪兔毫霜”(《以六一泉煮双井茶》)之说,北宋蔡襄《茶录》亦载:“建安所造者绀黑纹如兔毫,其坯微厚,熁之久,热难冷,最为妥用,出他处者皆不及。”可见兔毫盏乃是烹茶品茶之上选,词中酒宴主人用兔毫盏为宾客准备茶水,可见主人的用心,亦可见其热情。“春露”,指春茶,写出了茶的鲜嫩与甘美。这场筵席,有好酒,有好茶,实在不负为词人所道“良辰美景”。

最后三句,是劝说在座宾客不要离开,此处既是词人的劝说,亦是筵席主人的殷勤留客:大家先不要急着离开,再停留一会,稍后会有歌舞再呈现给大家。“催办”既写出了宾客对宴会歌舞的期待,亦道出宴会主人对宾客的殷勤招待。

词中主人热情,宾客畅怀,可谓宾主尽欢,词中虽没有对茶进行许多描绘渲染,但寥寥数字即可见主人的用心,能在茶盏上如此细心,想必此茶亦是极好。

画堂春

茶词

史浩

小槽春酿[1]香红，良辰飞盖相从[2]。主人着意在金钟[3]，茗碗作先容[4]。　欲到醉乡[5]深处，应须仗、两腋香风[6]。献酬高兴渺[7]无穷，归骑莫匆匆[8]。

【注释】

①小槽：古时制酒器中的一个部件，酒由此缓缓流出。唐李贺《将进酒》："琉璃钟，琥珀浓，小槽酒滴真珠红。"春酿：春酒。唐王绩《赠学仙者》："春酿煎松叶，秋杯浸菊花。"

②飞盖：驰车，驱车。三国魏曹植《公宴》："清夜游西园，飞盖相追随。"相随：跟随，在一起。这里指两车相随，跑得飞快。

③着意：留意，集中注意力。金钟：金属酒杯。

④茗碗：茶碗。先容：容意为雕饰，先容本指先加修饰，后引申为事先为人介绍、推荐或关说。这里指饮酒前先饮茶。

⑤醉乡：指酒后神志不清的境界。

⑥仗：凭借，依靠。两腋香风：形容饮茶后的状态。

⑦献酬：饮酒时主客相互敬酒，泛指斟饮。宋陆游《龟堂独酌》："一榼兰溪自献酬，徂年不肯为人留。"渺：渺远。

⑧匆匆：匆忙的样子。

【赏析】

画堂春：词牌名，双调四十七字，有四十六字、四十八字、四十九字三变格。因宋秦观《淮海词》有词名《画堂春》（咏画堂春色）而为名。

这首咏茶词中有茶有酒，将咏茶与咏酒相结合，谓想要喝酒尽兴，须得有茶相伴。词的上片从酒着笔，捎带茶的出场。首句"小槽春酿香红"，化用唐李贺《将进酒》"琉璃钟，琥珀浓，小槽酒滴真珠红"之句，从酒的味、色赞美春酒。谓从小槽中流出的春酒香味纯正，颜色纯红。南宋胡仔《苕溪渔隐丛话》有："江南人家造红酒，色味两绝。李贺《将进酒》云：'小槽酒滴真珠红'，盖谓此也。"有如此好酒，诱使客人驱车疾驰，"良辰飞盖相从"，看似写马车飞驰，实则写客人迫不及待地想一品此酒。词的开篇从正面与侧面写出酒的美味与魅力。后二句写主人本来一心想要品尝美酒，可最后还是被茶吸引。"金钟"，为金属酒杯，这里代指酒，谓主人全部注意力都在这春酒中。"作先容"写出一个转折，本来要饮酒的人却先品起了茶，原来是想在饮茶之后饮酒，希冀茶后的酒会更为美味。上片着重写酒，茶只是作为饮酒的助兴之物而捎带之。

下片则着重写茶，这些本要饮酒之人，在饮茶之后亦被茶之美味吸引，饮酒之乐更甚。下片开头仍是将茶作为酒的附庸，谓想要饮酒到醉乡深处，即如果想要正真体会饮酒的乐趣，就需要借助饮茶所带来的两腋生风的感受。“两腋香风”化用“两腋习习清风生”(卢仝《走笔谢孟谏议寄新茶》)，既写出了饮茶后的感受,亦点出了茶的醇香。最后二句谓宾主相互斟酒,席间欢笑不断,欢快之情无法言说,主人殷勤留客,希望宾客莫要急忙归去。可见宾主相聊甚欢,其乐融融。

茶与酒向来都是文人所好,亦常常出现在宴饮之中,尤其宋朝一代,酒与茶更为密不可分,茶常常出现用于解酒。此词一反常规,茶不是为解酒而饮,而是饮于酒前,为助饮酒兴致之用。词中基调欢快,酒与茶同是词人所咏,亦是词人和“主人”所好。

满庭芳

赐茶

王之望

犀隐雕龙[①]，蟾将威凤[②]，建溪初贡新芽[③]。九天春色[④]，先到列仙[⑤]家。今日磨圭碎璧[⑥]，天香[⑦]动、风入窗纱。清泉嫩[⑧]，江南锡乳[⑨]，一脉贯天涯[⑩]。　　芳华。瑶圃[⑪]宴，群真[⑫]飞佩，同引流霞[⑬]。醉琼筵红绿[⑭]，眼乱繁花。一碗分云饮露[⑮]，尘凡尽、斗牛何赊[⑯]。归途稳，清飙两腋，不用泛灵槎[⑰]。

【注释】

①犀：指犀胯茶，团茶名，形似带胯（古时附于腰带上的蹀躞之环）的一种茶，详解见黄庭坚《满庭芳》（黔中桃李可寻芳）注释③。雕龙：指茶块上印有的龙纹。宋顾文荐《负暄杂录·建茶品第》："本朝开宝末下南唐，太平兴国初时置龙凤模，遣使即北苑造团茶，以别庶饮，龙凤茶盖始于此。"

②蟾：传说月中有蟾蜍，故借指月亮，唐李白《雨后望月》："四郊阴霭散，开户半蟾生。"这里指形如圆月的团茶。将：携带。

威凤：指印在团茶上的凤纹。

③建溪：水名，在今福建。详解见晁端礼《少年游》(建溪灵草已先尝)注释①。初贡：指首批进贡的御茶。新芽：新鲜的嫩芽，这里指鲜嫩的芽茶。

④九天：天空中最高处。春色：指茶。北宋赵括《次谢许少卿寄卧龙山茶》："想到明年公进用，卧龙春色自迟迟。"九天春色：最好的茶，借指贡茶。

⑤列仙：比喻位高的仙人，这里代指位高的大臣。

⑥圭：长条形玉器，形容饼茶的形状，代指饼茶。璧：圆形玉器，形容团茶的形状，代指团茶。磨圭碎璧：指将茶饼或团茶碾碎。

⑦天香：芳香的美称，这里形容茶香。

⑧清泉：清冽的泉水。嫩：指水沸或烹茶的时间短。宋梅尧臣《尝茶和公仪》："汤嫩水清花不散。"

⑨江南锡乳：指惠山泉的泉水。惠山泉在江苏无锡，水色如乳，故称"锡乳"或"锡水"，唐代陆羽曾亲品其味，经乾隆御封为"天下第二泉"。

⑩一脉：一线，一缕，这里指惠山泉泉水。贯：同"冠"，明王祎《兴龙笙颂》："于维兹笙，独贯乐部"。

⑪瑶圃：产玉的园圃，指仙境。《楚辞·九章·涉江》："驾青虬兮骖白螭，吾与重华游兮瑶之圃。"

⑫群真：群仙，道家称仙人为真人。这里代指出席宴会的众宾客。

⑬流霞：传说中天上神仙色饮料，泛指美酒。

⑭琼筵：盛宴、美宴。李白《春夜宴从弟桃李园序》："开琼筵

以坐花，飞羽觞而醉月。”红绿：指醉后眼花缭乱，分不清红与绿。南朝梁王僧孺《夜愁示诸宾》：“谁知心眼乱，看朱忽成碧。”

⑮分云饮露：将茶比作云、露，指饮茶。

⑯尘凡：人世间的俗事。牛斗：指牛宿、斗宿，二十八星宿名。赊：距离远。晋葛洪《抱朴子·至理》：“岂能弃交修赊，抑遗嗜好，割目下之近欲，修难成之远功哉！”

⑰泛：指乘船浮行。灵搓：亦作“灵查”，指能乘往天河的船筏。晋张华《博物志》：“近世有人居海渚者，年年八月有浮槎去来，不失期，人有奇志，立飞阁于查上，多赍粮，乘槎而去。”

【赏析】

王之望（1103—1170），字瞻叔，号汉滨，谥敏肃，襄阳谷城（今属湖北）人，寓居台州。其诗文大多疏畅明达，亦能词，著有《汉滨集》，今存辑佚本十六卷。

根据词题和词中内容可知，这首茶词作于皇帝赐茶之后，表达了对皇恩的感念和对建溪茶的赞美。词中意境十分开阔，上片众多比喻，将茶写得生活，将碾茶、烹茶写得动感；下片充分发挥想象，将酒宴的纷华写得生动，多个典故的灵活运用，亦将酒宴和茶完美呈现在读者眼前。

开篇即用两个比喻，将块茶、团茶分别比作犀胯与圆月，“隐”、“将”两个动词的使用，令茶饼有了鲜活的生命一般，好似饼面上的龙、凤在眼前舞动，对茶饼外形的描绘可谓细微精致。第三句点明这龙凤团茶就是产于福建建溪的新茶，是今年进贡的首批贡茶。建溪的龙凤团饼本就是十分珍贵稀有的好茶，宋张舜民《画墁录》记载“始制为凤团，后又为龙团，专拟上贡，虽近臣之家，徒闻之而未尝见也”，而且还是首批贡品，那就更是难得。

“九天”二句，将皇帝比作天空中最高的地方，将龙凤新茶比作春天的美景，将众位位高的大臣比作仙人，谓皇帝将这首批进贡的龙凤团茶分赐给各位大臣，极言皇恩的浩荡。“圭”、“璧”是古代的两种玉器，一形条状、一形平圆，词中将加工好的茶饼按形状的不同比作此二种玉器，谓研磨茶饼，茶散发出极为芬芳的香味，香味随着风的吹拂在空中飘动，透过窗帘飘入室内。最后三句则是对烹茶之水的描述，来自“天下第二泉”——惠山泉的泉水十分清冽，泉水煮得恰到好处，即使只有一缕泉水，那也可以独冠天下。此句用夸张的笔法赞美煮茶之水，宋人煮茶，不仅注重水质，亦注重汤候。宋徽宗《大观茶论》有“水以清轻甘洁为美”，陆羽《茶经》亦说“其水，用山水上，江水中，井水下”，惠山泉是经过陆羽评定的“天下第二泉”，可见其泉水的优质。至于煮水，《茶经》有“其沸如鱼目，微有声为一沸，缘边如涌泉连珠为二沸，腾波鼓浪为三沸，已上水老不可食也”，蔡襄《茶录》中亦有“候汤最难。未熟则沫浮，过熟则茶沉”。指出烹茶之水不可过老，嫩汤即可。词中可见烹茶之水不仅质好，煮的火候也十分到位，难怪词人称赞其可冠绝天下。

词的下片“芳华”首先整体性地概括了此次酒宴的美好，接着从酒宴上宾客饮酒醉酒，饮茶解酒，以及酒后感受几个方面展开对筵席繁华的描画与茶之功效的称颂。“瑶圃”三句，将宴会所在之地喻为仙境，宾客饮酒喻为仙人喝饮料，作者发挥其想象力，将读者带入一个如梦如幻的虚境之中。“醉琼”二句，化用李白《春夜宴从弟桃李园序》“开琼筵以坐花，飞羽觞而醉月”和南朝梁王僧孺《夜愁示诸宾》“谁知心眼乱，看朱忽成碧”二句，写出词人此时眼花缭乱，已然沉浸在醉乡深处，分不清眼前景象。“一碗分云饮露，尘凡尽、斗牛何赊"，饮下一杯龙凤茶，感觉尘世间的俗事都被洗尽，身心顿时清醒不少，连斗宿和牛宿相隔多远都能看清。陆羽《茶经》写道："至若救渴，饮之以浆；蠲忧忿，饮之以酒；荡昏寐，饮之以茶。"唐钱起《与赵莒茶宴》也叹道："竹下忘言对紫茶……尘心洗尽兴难尽。"茶能解酒清神，这是茶所具有的独特功效，一般宴会上饮酒之后都有茶水招待，为的就是解酒尽兴。词中谓饮茶后"尘凡尽、斗牛何赊"，讲的就是茶的解酒清神净心之效。"归途"三句化用两个典故，分别是卢仝《走笔谢孟谏议寄新茶》"七碗吃不得也，唯觉两腋习习清风生。蓬莱山，在何处？玉川子乘此清风欲归去"之语典，与晋张华《博物志》："近世有人居海渚者……乘槎而去"之事典，谓回去之时脚步十分稳当，不见饮酒的醉态，两腋生出清风，可以不乘灵槎，而借此清风回到蓬莱仙岛，写出了饮茶后飘飘欲仙之感。

词中多处使用修辞手法，比喻、夸张、用典，词人用来好似信手拈来；词中情景虚虚实实，虚实的频繁变换与巧妙结合，使品读之人也感受到了浓浓的醉意，好似眼前的景物幻化成缥缈的仙境。这御赐的首批龙凤贡茶果然极好，解酒清神驱烦之效甚显，在赞叹该茶的同时亦无法忘怀浩浩皇恩。

诉衷情

咏闲

张抡

闲中一盏建溪茶[①],香嫩雨前芽[②]。砖炉最宜石铫[③],装点野人家[④]。 三昧手[⑤],不须夸。满瓯花[⑥]。睡魔[⑦]何处,两腋清风,兴满烟霞[⑧]。

【注释】

①建溪:水名,在今福建。详解见晁端礼《少年游》(建溪灵草已先尝)注释①。建溪茶:亦称建茶,以福建建州建安县(今建瓯)的北苑凤凰山一带为主体的产茶区。

②雨前:谷雨(谷雨是二十四节气的第六个节气)以前。雨前芽:指用谷雨前采摘的细嫩芽尖制成的芽茶。《宋史·食货志》:"散茶(未压制成片、团的茶叶)出淮南、归州、江南、荆湖,有龙溪、雨前、雨后之类十一等。"

③石姚(yáo):陶制的小烹器。宋苏轼《试院煎茶》:"且学公家作茗饮,砖炉石铫行相随。"

④装点：装饰点缀。野人：指村野之人，这里是词人的自谦之称。

⑤三昧：指高明的点茶技巧。三昧手：指拥有高明点茶技巧的人。宋代点茶须注意三点：调膏，有节奏地注水，茶筅击拂要视情况而有轻重缓急；而把能做好这三点的点茶能手称为“三昧手”。宋苏轼《送南屏谦师》：“道人晓出南屏山，来试点茶三昧手。”

⑥花：即汤花，指茶沫或茶乳。

⑦睡魔：使人昏睡的魔力，比喻强烈的睡意。

⑧烟霞：泛指山水、山林。

【赏析】

张抡，生卒年不详，字才甫，号莲社居士，开封(今河南开封)人。好填词，著有《莲社词》。

诉衷情，词调名，原为唐教坊曲名，为温庭筠所创，取《离骚》“众不可户说兮，孰云察余之中情”之意。又名一丝风、步花间、桃花水、偶相逢、画楼空、渔父家风。分单调、双调两体，单调三十三字，双调四十一字。此首诉衷情为双调四十一字。

根据词题可知，此时词人的生活颇为悠然闲适，这首茶词正是词人在日常闲适生活之余，享受饮茶之乐后所作。

词中开篇破题，“闲中”二字即写明饮茶缘由和时机，亦为全词做铺垫，谓在闲适的生活之余，饮一杯建溪茶。茶不单单只是一种有味道的饮料，它是修生养性的代表，蕴含了十分丰富的内在精神。在烹茶饮茶过程中，只有专心用心，才能泡好茶，才能真正领会茶的境界。词中的闲适氛围和心境，最是适宜泡茶品茗。“香嫩雨前芽”是对建溪茶的赞美，谓该茶是在谷雨之前采摘细嫩芽尖制成的芽茶，十分鲜嫩，香味亦是醇佳。“砖炉”二句是对闲适生活的写照，也是煮水情景的描状，谓转炉与石铫是最为恰当的搭配，用这个还可以装饰点缀我的陋室。

“三昧手”颇有自豪之情，“不须夸”更是得意之至。词人直接称赞自己为点茶高手，对自己的点茶技艺十分自信。“满瓯花”写茶面布满茶沫，侧面写出点茶技术的精妙。词人为自己的闲适生活寻找欢乐，在饮茶之时享受点茶的快乐，可见其心态十分积极。最后三句，写了茶的功效，化用“两腋习习清风生”之句，谓饮茶后睡意全无，好似有清风生于两腋。“兴满烟霞”，再次回到“咏闲”主题，谓兴致盈满山水之间，将茶与闲紧密结合。

唐陆羽曾在《在茶经·一之源》中写道：“茶之为用，味至寒，为饮最宜精行俭德之人。” 即饮茶者应是操行具有俭朴美德之人。唐末刘贞亮在《茶十德》中亦指出“以茶可雅心”。可见，茶之内涵极为丰满，亦极为简单，闲与茶的搭配就如砖炉与石铫的搭配一般，最为恰当。茶是词人生活的物质需要，亦是其精神世界的反映，闲适生活中饮一杯清茶，将兴致放于山水，词人生活的悠闲与恣意可见一斑。

风流子

王千秋

夜久烛花[①]暗，仙翁醉，丰颊缕红霞[②]。正三行钿袖[③]，一声金缕[④]，卷茵[⑤]停舞，侧火分茶[⑥]。笑盈盈，溅汤温翠碗[⑦]，折印启缃纱[⑧]。玉笋缓摇，云头[⑨]初起，竹龙停战[⑩]，雨脚[⑪]微斜。　清风生两腋，尘埃[⑫]尽，留白雪、长黄芽[⑬]。解使芝眉长秀[⑭]，潘鬓休华[⑮]。想竹宫异日[⑯]，衮衣[⑰]寒夜，小团分赐[⑱]，新样金花[⑲]。还记玉麟春色[⑳]，曾在仙家。

【注释】

①烛花：蜡烛的光焰。南朝梁元帝《对烛赋》："烛烬落，烛华明。"

②丰颊：丰满的面颊。缕红霞：形容醉后脸红的样子。

③钿：用金、银、玉、贝等制成的花朵状首饰。钿袖：指饰金的衣袖。

④金缕：曲调《金缕曲》、《金缕衣》的省称，常用于表达对青春易逝的惆怅。唐罗隐《金陵思古》："绮筵金缕无消息，一阵征帆

过海门。”

⑤卷:掀起,收起。茵:衬垫,褥子。这里指舞蹈结束,将垫褥等物品收起。

⑥分茶:一种独特的烹茶技艺。详解见王之道《西江月》(磨急锯霏琼屑)注释①。

⑦溅汤:指沸腾的开水。温:使暖,稍微加热。翠碗:青绿色的茶杯。

⑧折:摘取,毁掉。折印:指将茶饼的封印去掉。缃:泛指黄色或指黄色的绢帛。缃纱:黄色的绢布。

⑨云头:这里指汤花。

⑩竹龙:一种竹制民间工艺品,这里指烹茶所用的茶筅(古时烹茶时的一种调茶工具,由一块切割精细的竹块制作而成)。停战:指停止调茶的动作。

⑪雨脚:密集落地的雨点,这里形容茶汤表面形成的粟粒状汤花。

⑫尘埃:即指尘俗,人世间的俗事。

⑬白雪:洁白的雪,比喻纯净高洁。黄芽:养生术语,原系外丹家用指从铅里炼出的精华。内丹家借用,谓先天一炁(古同“气”)萌生的象征。《悟真篇》:“只因火力调和后,种得黄芽渐长成。”即指入静之中,先天真气渐生渐聚,如同方萌黄芽。

⑭芝眉:指眉宇有芝采,古谓贵相。晋皇甫谧《帝王世纪》:“吕望芝眉。”长秀:茂盛的草木,这里指芝眉浓密。

⑮潘鬓:潘岳三十二岁时两鬓斑白,后以“潘鬓”谓中年鬓发初白。晋潘岳《秋兴赋序》:“余春秋三十有二,始见二毛(斑白的头发)。”休:停止,罢休。华:(头发)花白。宋梅尧臣《泊寿春龙潭

上夜半黑风破一舟》:“妻孥皆失色,一夕鬓欲华。”

⑯竹宫:古代京城以外供帝王出行时居住的宫室,也指帝王出京后临时寓居的官署或住宅。异日:往日,从前。《汉书·高帝纪下》:“异日(颜师古注:异日,犹言往日也),秦民爵公大夫以上,令、丞与亢礼。”

⑰衮衣:古代帝王及上公所穿的礼服。《逸周书·世俘》:“壬子,王服衮衣,矢琰格庙。”

⑱小团:即小龙团,产于建州,宋代作为贡品的精制茶叶。分赐:指皇帝将贡茶赏给大臣。

⑲新样:新手法,新花样。金花:指色彩金黄艳丽、不易败落的花朵,这里形容新花样的繁复绚丽。

⑳玉麟:刻有麒麟的玉质符信,隋炀帝为嘉奖樊子盖之功,特造玉麟符,以代铜兽,表示殊遇。(见《隋书·樊子盖传》)这里指受皇帝重用。春色:喜色,形容高兴。

【赏析】

王千秋,生卒年不详,字锡老,号审斋,东平(今属山东)人。南渡处名士,南渡后寓居金陵(今江苏南京),晚年转徙湖湘间。词风清拔可喜,著有《审斋词》一卷。

风流子,词牌名,原为唐教坊曲名,分单调、双调两体。单调三十四字,双调又名内家娇,一百一十字。

这首《风流子》以茶为线索,上下片分别呈现了现实和回忆两个场景,将今昔作对比,在咏茶的同时,发出人生变换的感叹。

上片前三句交代了时间,写出了众人酒醉的状态。这夜已是更深时候,蜡烛的光华已然暗淡,众人都有几分醉意,丰满的脸颊呈现出酒醉后的红晕。这时三排穿着华丽衣服的歌妓舞女,正在为一曲《金缕衣》伴歌伴舞，一曲终了，歌停舞罢，开始分茶。这几句描绘了筵席上歌妓舞女的形容姿态，展现了筵席的繁华与喧嚣。之后便是对分茶之一系列动作情态的展现。美丽的歌妓带着满面的笑容，先用开水将那绿色的茶杯温热，然后把茶饼的封印折去，并将包裹茶饼的黄色细纱打开；用她那纤细鲜嫩的双手缓缓地搅动茶筅，茶杯中的汤花慢慢泛起，茶筅停止搅动时，杯中的粟粒状汤花正好斜斜地咬住盏壁。咬盏指点茶时，汤花泛起泡沫，在光的折射下，泡沫的晃动似乎能带动盏内花纹的移动，好像茶盏被汤花咬住了一般。这几句将美妓一连串的分茶动作描绘得精微，四个比喻的连用极赞了点茶技艺的高超。由于分茶要使汤花在瞬间显示出多变的景象，需要较高的沏茶技艺，一般是用"搅"创造出来的汤花形象，或直接用"点"使汤面形成汤花。宋代沏茶时常用"点茶"法，点茶其实就是注茶，即一手提执壶注入，一手有规律地搅动，使其形成变幻无穷的物象。词中美妓轻松且出色地完成了复杂的动作，可谓手法精妙、技艺高超，再配上盈盈笑脸，整个画面异常优雅动人。

饮下由美妓点制的好茶，感觉风生两腋，将心中那些凡尘琐事抛诸脑后，仅留纯净高洁和先天真一之气，整个人都充满了生机。"清风生两腋"化用"两腋习习清风生"，谓饮茶后两腋生风的感受；"尘埃"三句写饮茶之清神、养生功效。"解使"二句化用典故，亦是对茶效的赞美，谓饮茶能使人面容华贵，白发不生，极言茶的养生强效。后几句回忆从前，由此时之茶想起曾经在行宫饮茶的时候，那也是一个寒冷的夜晚，穿着华丽的衮服，品尝皇帝御赐的小龙团，那时的点茶花样亦是十分新颖绚丽。现在还记得当时皇上的重视与恩宠，不过这都是过去了，仅仅存在于曾经的仙家。最后几句情感转悲，带有南渡词人的浓郁伤感，词句中的情感色彩使茶这个中介物也带有浓浓的哀叹和感伤。

该词起调热闹欢快，结尾沉闷伤感，由现实的喧嚣想起从前的繁华。现今繁华虽有，可不再是从前，在以茶为中心的称咏中更叹世事的变换。

金蕉叶

袁去华

涛翻浪溢[①]，调停[②]得、似饧似蜜[③]。试一饮、风生两腋，更烦襟[④]顿失。　　雾縠[⑤]衫儿袖窄。出纤纤、自传坐客[⑥]。觑得他、烘地面赤[⑦]。怎得来痛惜[⑧]。

【注释】

①涛翻浪溢：浪涛翻腾溢出，这里形容水沸腾时翻滚的样子。

②调停：安排处理，这里指烹茶。宋范成大《满江红·冬至》："着意调停云露酿，从头检举梅花曲。"

③饧(táng)：古同"糖"，指味道甘甜。蜜：甘美。

④更：副词，更加，又，表示递进关系。烦襟：烦闷的心怀。王勃《游梵宇三觉寺》："遽忻陪妙躅，延赏涤烦襟。"

⑤縠(hú)：绉纱，指质地轻薄、纤细透亮、表面起皱的平纹丝织物。雾縠：薄雾的轻纱。《楚辞·神女赋》："动雾縠以徐步兮，拂墀声之珊珊。"

⑥纤纤:形容女子柔细鲜嫩的手。传:传达、说话,这里指招待。坐客:指在座的宾客。自传坐客:指主动服侍宾客。

⑦觑:看。烘地:即“烘的”,忽然,一下子。面赤:脸红,形容害羞的样子。

⑧怎得:怎么,如何。痛惜:疼惜,怜爱。

【赏析】

袁去华(1111—?),字宣卿,奉新(今属江西)人。著有《袁宣卿词》、《适斋类稿》。

金蕉叶,词牌名,始作于宋代柳永,因其词句“金蕉叶泛金波齐”而名。有不同词体,该词为双调四十八字。

该词纤巧柔婉,上片写了烹茶饮茶,下片则是美人相待。词中对美人的描绘生动直率,表达出了“似饧似蜜”的情感体验。

首句“涛翻浪溢”用夸张的手法,谓煮水时水浪翻滚、水花溢出,描绘了煮水时水沸腾的样子。用此水烹茶,茶味如糖蜜般甘美;饮一杯此茶,感觉风生两腋,更有一种烦闷顿时消失的快感。词中没有对烹茶过程进行展开,只用“调停”、“饧”、“蜜”表示对烹茶以及茶味的描述,简洁直接。后二句则是接着对饮茶后感受的表达,化用“两腋习习清风生”之句,在讲述饮茶感受的同时,道出茶的驱烦功效。

不同于上片的平和质朴,下片的描写更为柔婉生动。“雾縠”之句是对女子的穿着描写,谓女子穿着绉纱制成的衣服,“袖窄”是对衣物的细节描写。不同于唐朝服饰的艳丽,宋朝服饰更为简洁质朴,尤其宋朝女装更为拘谨、保守,色彩淡雅恬静。“袖窄”在一定程度上体现了此时女性衣物的特点。“自传”则表现了女子极为主动热情的性格特征,谓这位女子用她那纤纤玉手为宾客斟茶，主动出来招待宾客。当然，热情主动并不是她性格的全部，于直率中又不乏女子娇羞的温婉。这位女子因为看了一眼“他”，一下子脸都红了，将女子纤柔娇羞的姿态刻画得生动灵活。也正因为如此，这才让人更加不知道如何去怜惜。“怎得”以如何之意发问，其实不是不知道如何怜惜女子，只是因为找不到最好的怜爱方式，认为再怎么怜爱都不足以表达情感，才会有“怎得”的感叹。

词中写茶时清朗，写人时浓丽，对茶的爱好与对女子的怜爱无法对比，正因为女子的“自传”，才使得茶味更为“似饧似蜜”。

浣溪沙

程大昌

水递迢迢到日边①，清甘夸说与茶便②。谁知绝品了③非泉。　旋挹天花融湩液④，净无土脉⑤污芳鲜⑥。乞⑦君风腋作飞仙。

【注释】

①水递：递运泉水的驿站。唐丁用晦《芝田录·李德裕》："李太尉……在中书，不饮京城水，悉用惠山泉，时有水递之号。"迢迢：形容道路遥远，或指水流绵长的样子。日边：太阳的旁边，比喻京师附近或帝王左右，这里指帝京。

②夸说：称赞说，夸耀地说。与：称赞，赞扬。《论语·述而》："与其进也，不与其退也。"便：利益，好处。《后汉书·荀彧传》："今舍之而东，未见其便。"

③了：副词，与否定词等连用；完全，皆。

④旋：旋转画圈，指顺着杯沿。挹：酌，以瓢舀取。天花：指雪，这里形容茶乳。湩(dòng)：乳汁。融：消融，融合。湩液：乳液。

⑤土脉：泛指土壤。语出《国语·周语上》："农祥晨正，日月底于天庙，土乃脉发。"（指土壤开冻松化，生气勃发，如人身脉动）韦昭注："脉，理也。"

⑥污：洗去污垢。《诗经·淮南·葛覃》："薄污我私，薄澣我衣。"朱熹集传："污，烦撋（ruán，两手相揉摩）之以去其污。"芳鲜：味美新鲜，也指新鲜美味的食物。傅毅《七激》："酌旨酒，割芳鲜。"

⑦乞：乞求，请求。

【赏析】

程大昌（1123—1195），字泰之，徽州休宁（今属安徽）人。著有《演繁露》、《续演繁露》等。

该词全篇以茶为中心展开，先赞美水的珍贵，再称颂茶的功效。

此水是经过递运泉水的驿站，从遥远的外地送往帝京的。上片首句先说明烹茶之水的难得，紧接着直接道出此水清甜甘美，与茶是极好的搭配，用此水烹茶，更能凸显茶的美味。后以一问句更加强调此泉水的极品质量。赵佶《大观茶论·水》有："清轻甘洁为美，清甘乃水之自然，独为难得……当取山泉之清洁者。"张源《茶录·品泉》亦有："山顶泉清而轻，山下泉清而重，石中泉清而甘，砂中泉清而冽，土中泉淡而白。"可见宋人饮茶重水质，极其讲究烹茶所用之水。如苏轼《西江月·茶词》"龙焙今年绝品，谷帘自古珍泉"，陈与义《玉楼春·青镇僧舍作》"呼儿汲水添茶鼎，甘胜吴山山下井"等，好茶须得有好水烹制。张源《茶录·品泉》亦有记载："茶者水之神，水者茶之体。非真水莫显其神，非精茶曷窥其体"，一杯好茶，是茶与水的结合，二者缺一不可。

下片从水转向茶,首句称赞了茶面的茶乳,谓茶乳好似白雪一般。宋人饮茶,亦重茶益,认为有茶乳之茶为上,宋代咏茶诗词中常出现“云腴”、“云脚”、“雪”、“花”等词,即是茶乳的代称。如苏轼《西江月·茶词》“汤发云腴酽白,盏浮花乳轻圆”,黄庭坚《阮郎归·茶词》“雪浪浅,露花圆,捧瓯春笋寒”等。陆羽《茶经》有:“茗有饽,饮之宜人。”饽指的就是厚的茶乳。词中以“天花”代称茶乳,谓此茶极好。“净无”句写洁净的土壤能去除食物的污浊,实则将茶比作洁净的土壤,谓茶能洗涤心中烦恼,使身心纯净。最后一句化用卢仝《走笔谢孟谏议寄新茶》的“唯觉两腋习习清风生”, 写出饮茶之后飘然的感受。此三句分别从茶能益身、清心、醒神的三大作用,赞美茶的功效。

这首茶词上片写水, 下片写茶, 从茶水之讲究到茶效之神奇,表达词人对茶的喜爱与称赞。

朝中措

茶

曹冠

春芽北苑小方珪[①]。碾畔玉尘[②]飞。金箸春葱击拂[③]，花瓷雪乳[④]珍奇。　主人情重连[⑤]，留连[⑥]佳客，不醉无归。邀住清风两腋，重斟上马金卮[⑦]。

【注释】

①春芽：指春茶。宋梅尧臣《答建州沉屯田寄新茶》："春芽研白膏，夜火焙紫饼。"北苑：茶叶产地，位于福建建瓯。详解见苏轼《西江月·茶词》（龙焙今年绝品）注释⑤。方珪：即方圭，本为长条形的玉制礼器，这里指形状如圭的块茶。

②碾：碾茶器具，一般指金碾或金槽。畔：旁边，边侧。玉尘：指碾茶时的茶末。

③金箸：敲击块茶的筷子。春葱：比喻女子细嫩的手指。击拂：拍击，拍打，一种点茶手法。宋王明清《挥麈后录余话》："上命近侍取茶具，亲手注汤击拂。少顷，白乳浮盏面，如疏星澹月。"

④花瓷：绘有花纹图案的瓷器，这里指茶杯。雪乳：形容煮茶时茶面的浮沫。

⑤情重：情谊深厚，亲密。

⑥留连：挽留。宋梅尧臣《翠羽辞》："主人重客苦留连，急走钿车令去取。"

⑦上马：起程，出发。金卮：金制酒器，泛指酒器。

【赏析】

曹冠，生卒年不详，字宗臣，号双溪居士，东阳（今属浙江）人。著有《双溪集》、《景物类要诗》、《燕喜词》。

此首茶词，上片写碾茶烹茶，下片写留客斟酒，将茶与酒相连，物与情融合，在表达对茶的喜好的同时，赞美了主人的盛情。

开篇第一句点明所饮之茶，称此茶是产于福建北苑的春茶，制成了像方圭一样的块状。北苑是宋代贡茶产地，所产的北苑茶是宋代贡茶之精品，词中所饮那是来自北苑的春茶，可见主人的殷切热情。第二句描绘了碾茶情景，谓金槽旁边的茶叶粉末在空中飞舞，将碾茶这一动作情景写得生动形象。"金箸"二句则是对烹茶情状的描摹，美人用她那细嫩的双手不断地打击茶水，茶杯内的茶水表面形成像雪一样的珍贵奇异的茶乳。击拂是分茶的动作之一，指在注水后有节奏地轻重缓急地拍打茶水，使茶面形成茶乳。宋代点茶十分讲究技巧，击拂更是要求烹茶者有熟练的技艺，词中烹茶美人能完成击拂点茶动作，并点出"珍奇"的茶乳，可见其技艺的熟练精妙。上片四句分别从茶之产地、茶块形状、碾茶、烹茶、点茶几个方面展现饮茶的艺术。

下片则从主人的角度，极言主人的盛情。谓酒宴主人情意深厚，极力挽留宾客，要宾客不醉不归。前三句直接写出主人的"情重”。“邀住”句化用卢仝《走笔谢孟谏议寄新茶》的“唯觉两腋习习清风生”,谓宾客饮茶后两腋生风,欲乘风归去,可是主人将其留住,再次斟了满满一杯酒,才让宾客起程归去。此二句从侧面展现主人的殷勤。

这首茶词先写茶的珍贵和点茶技艺的高超，亦是侧面表现主人的热情；后部分再次从正面和侧面两个角度称颂了主人的盛情。在体会词人对茶的喜好的同时,亦能感受到主人的热情以及词人对主人的感激。

如梦令

寿茶

姚述尧

龙焙初分丹阙[①],玉果轻翻琼屑[②]。彩仗挹香风[③],搅起一瓯春雪[④]。清绝[⑤],清绝,更把兽烟频爇[⑥]。

【注释】

①龙焙:茶名,指福建产的龙团茶。详解见苏轼《西江月·茶词》(龙焙今年绝品)注释①。丹阙:赤色的宫阙,借指宫廷。

②玉果:形如果的美石,这里指茶饼。琼屑:喻茶末。

③彩仗:比喻匕匙一类的餐具,用于舀物和搅拌。挹:酌,以瓢舀取。香风:带有香气的风,这里指舀动茶水,散发茶香。

④春雪:比喻煮茶时茶面的浮沫。

⑤清绝:形容美妙至极、清雅至极。唐李山甫《山中览刘书记新诗》:"记室新诗相寄我,蔼然清绝更无过。"

⑥更:再,又。兽烟:兽形香炉中冒出的香烟。频:屡次。爇(ruò):焚烧,烘烤。

【赏析】

姚述尧，生卒年不详，字进道，钱塘（今浙江杭州）人。著有《箫台公余词》。

该词单调三十三字，称颂了产于福建的贡茶——龙焙茶，词人在对龙焙茶进行描写赞美的同时，也表达了其高洁清雅的思想追求。

龙焙茶刚刚上贡不久，皇上就将其分赐下来，宫廷内许多人都得以品尝；将龙焙茶饼轻翻，碾碎为茶末。“玉果”本指美石，因新茶色翠如玉，这里将其喻为茶饼。首二句写了初得龙焙，细碾茶饼的情节。后一句“彩仗”、“春雪”亦是两个比喻，分别指舀茶或搅动的餐具和茶面的茶乳。谓用餐具将茶水搅动，茶水散发出茶的清香，杯中的茶乳也随之摇动。“清绝”二字，不仅形容茶味的清甜美妙、茶香的清雅隽永，也是对此时此景的由衷感叹。炉香萦绕，美茗相伴，于袅袅香烟中静静品尝甘美的龙焙茶，的确是美妙至极、清雅至极。

词人赞美了龙焙茶的芳香甘美，将情与茶交融在一起，借茶味的“清绝”表达内心的追求。“清绝”一词，形容茶的清香隽永、世间绝有，以及表达对清雅兴致的夸赞。同时，“清绝”不仅仅是茶味的清香和情景的清雅，也是词人思想追求的体现，是词人渴望超脱凡俗、清雅高洁的人生追求。

蓦山溪

咏茶

王质

枯林荒陌[①],矮树敷[②]鲜叶。不见雅风标[③],十二分、山容野色[④]。因何嫩茁[⑤],舞动小旗枪[⑥],梅花后,杏花前,色味香三绝[⑦]。

含光隐耀[⑧],尘土埋豪杰[⑨]。试看大粗疏[⑩],争知[⑪]变、寒云飞雪。休说休说,世只两名花[⑫],芍药相,牡丹王[⑬],未尽人间舌[⑭]。

【注释】

①枯林:树叶凋残之林。荒陌:荒芜偏僻的小路。

②敷:铺张,扩展,散布。树上散布叶子,指长满嫩叶。

③风标:风度,品格,形容优美的姿容神态。雅风标:高雅的风度仪表。

④十二分:形容程度极深。山容野色:形容形态、气韵不佳。

⑤茁:草刚刚生出地面的样子,泛指植物的生长。

⑥旗枪:新茶的嫩芽,因叶展如旗,牙尖似枪而名。宋王得臣《尘史·诗话》:"闽人谓茶芽未展为枪,展则为旗。"

⑦绝：极，最。

⑧含光：蕴含光彩，内蕴不外露。汉蔡邕《陈大丘碑文》："赫矣陈君，命世是生，含光醇德，为士作程。"隐耀：亦作"隐曜"，隐藏光彩，含而不露。《后汉书·郑玄传》："南山四皓有园公、夏黄公，潜光隐耀，世嘉其高，皆悉称公。"

⑨埋：掩盖，遮蔽。豪杰：亦作"豪桀"，指才能出众的人。

⑩试看：且看，试着看看。粗疏：疏略，不精细。

⑪争知：怎知。

⑫名花：名贵的花。

⑬芍药：多年生草本植物，五月开花，花大而美丽，供观赏。牡丹：古无牡丹之名，统称芍药，后以木芍药称牡丹。群花品中，牡丹第一，芍药第二，故世谓牡丹为花王，芍药为花相。

⑭人间舌：指人们的饮食需求。

【赏析】

王质(1127—1189)，字景文，号雪山，郸州(今属山东)人。著有《雪山集》、《诗总闻》、《夷坚别志》等。

蓦山溪，词牌名，又名上阳春，双调八十二字。该词上片写此茶虽生于山野之间，却与名茶无甚分别，以茶喻人；下片写豪杰无法施展才能，嘲讽不知风云变换的达官显贵，暗喻南宋朝政的风雨飘摇。

上片描写了生于山野之间的茶所具有的形态和气韵。"枯林"二句写出了茶的生长环境，此茶生长于一个十分荒芜凋敝之地，在那矮小的枝干上长满了鲜嫩的新叶。在这里，看不到高雅的风度仪表，只看见浓浓的山野之色。但是它却茁壮成长，刚生出来的芽十分细嫩，就像摇动着的旗枪。在谷雨前后将其采摘，茶的色、香、味都是极好的，丝毫不输于那些名茶。梅花的花季是冬春季节，最晚是早春；杏花的开花时间在谷雨(二十四节气的第六个节气，每年4月19日至21日时)之前，“梅花后，杏花前”指的就是谷雨之时，谷雨之前采摘茶叶，可得茶叶最嫩部分，为茶叶精品。上片写茶叶只有“山容野色”，丝毫不具风雅，但其与其他名茶一样“色香味”俱全。看似赞美山野之茶，实则以茶喻己，谓自己虽没有光鲜的外表和声名，但内涵却不输给任何一个名士之流。

“含光隐耀”承接上片的隐喻，写那些才能之士，往往内蕴光辉，含而不露，常常被尘土掩盖。以豪杰不为所用，才华被掩盖之事，暗喻自身空有一腔抱负，满腔才干无法得以施展的遭遇。“试看”二句，以嘲讽的姿态鞭挞了只知纸上谈兵，不懂风云变幻的上位者；最后“休说”几句，意为世人只看得见像牡丹这样的花中之王和芍药这样的花中之相，却不知牡丹、芍药之类，只能用于观赏，无法满足世间百姓的口腹之欲。王质早年积极进取，但因性格耿直，多次遭遇打击；尽管其多次入幕府，但始终壮志未酬。词中词人借豪杰之士，倾吐内心渴望施展拳脚的诉求；借牡丹、芍药中看不中用，讽刺了南宋昏聩的政治局面。

纵观词人一生，他不仅是一个文人，更是一名爱国志士。词人生活在南宋初年，身处乱世，却十分关心政治，是一名坚定的抗战派。《宋史》亦对其深深惋惜：“奉祠去国”，“负其有为之才”。该词借物抒情，词中以堪比名茶的野茶和满腹才能的豪杰自比，感慨自身无法施展的满腔热忱；借对牡丹、芍药的讥讽，感叹政局的飘摇；虽题为咏茶，实则是借咏茶抒发词人内心的所感所想。

柳梢青

茶

李处全

九天圆月[①]。香尘碎玉[②],素涛翻雪[③]。石乳香甘[④],松风[⑤]汤嫩,一时三绝[⑥]。　　清宵好尽欢娱[⑦],奈明日、扶头[⑧]怎说。整顿颓山[⑨],殷勤春露[⑩],余甘[⑪]齿颊。

【注释】

①九天:指天空中最高处。《孙子·形篇》:"善攻者,动于九天之上。"宋梅尧臣注:"九天,言高不可测。"圆月:圆的月亮,亦指团茶。

②香尘:芳香之尘,这里指碾茶时产生的茶末散发的茶香。碎玉:细小的玉或玉屑,这里形容碾茶时茶末的细碎样子。

③素涛:白色的波浪,形容茶水颜色鲜白。翻雪:形容白浪翻滚,此处亦指茶水的颜色的翻滚之状。

④石乳:茶名。《宋史·地理志五》:"建宁府贡火箭、石乳、龙茶。"香甘:形容味香而甜。

⑤松风：形容煮茶时的水声，代指茶。详解见黄庭坚《西江月·茶》(龙焙头纲春早)注释⑩。

⑥一时：同时，一齐。三绝：指色、香、味三样都达到最好的程度。

⑦清宵：清静的夜晚。欢娱：欢乐。

⑧扶头：扶着头，形容醉态。唐杜荀鹤《晚春寄同年张曙先辈》："无金润屋浑闲事，有酒扶头是了人。"

⑨整顿：整理。颓山：即"醉玉颓山"，形容酒醉后的姿态。详解见《满庭芳·茶》(北苑春风)注释⑰。

⑩春露：指茶。

⑪余甘：余留香甜滋味。

【赏析】

李处全(1134—1189)，字粹伯，号晦庵，徐州丰县(金属江苏)人。著有《晦庵词》。

柳梢青，词牌名，又名陇头月，双调四十九字。

这首茶词上片详写了碾茶烹茶的情状，下片则写了茶的解酒功效和余味的悠长。

"九天圆月"，谓夜空中高高悬挂着一轮圆月，点明品茗时间正是夜晚。"圆月"既是形容天上的明月，亦是对团茶的喻指。如黄庭坚《阮郎归》(黔中桃李可寻芳)"月团犀胯斗圆方"、谢逸《武陵春·茶》(画烛笼纱红影乱)"分破云团月影亏"、秦观《茶臼》"呼奴碎圆月"等，都以月喻茶，或言团茶之完整，或言团茶之残缺；词中"圆月"即指团茶的完整形状有如天上的满月一般。后二句是对碾茶烹茶的描写。"香尘"句从味、形两方面描述了碾茶的情形，将茶末比作"尘"、"碎玉"，谓团茶碾碎成茶末的细碎样子，

“香”字则直言茶末之味。“素涛翻雪”是对烹茶时茶汤颜色的描摹，用“素涛”、“翻雪”形容茶水的颜色和翻滚的样子，极言茶水的鲜白，以及点茶技巧的熟练。“石乳”是茶的品名，宋顾文荐《负暄杂录·建茶品第》有“又一种茶，聚生石崖，枝叶尤茂。至道初，有诏造之，别号石乳”，《宋史·食货志下五》亦有“茶有二类，曰片茶，曰散茶。片茶蒸造……有龙、凤、石乳、白乳之类十二等”。“香甘”是对茶味的直接陈述，谓石乳茶味道香美甘甜。“松风”句亦是形容茶水，将茶水沸腾的声音比作风吹过松树时发出的声音，谓茶水的火候正好，不老不生。梅尧臣《尝茶和公仪》有：“汤嫩水清花不散。”可见饮茶之水，不仅讲究来源，亦看重火候，《茶经》道“其沸如鱼目，微有声为一沸，缘边如涌泉连珠为二沸，腾波鼓浪为三沸，已上水老不可食也”，明张源《茶录·汤用老嫩》亦道：“蔡君谟汤用嫩而不用老。”指出烹茶之水不可过老，嫩汤即可。此四句从茶的各个方面进行描摹写状，极言茶之形、香、色、味，最后一句“一时三绝”概括词人对茶的评价。

下片承接“圆月”之意，“清宵好尽欢娱”谓“清宵欢娱好尽”，在这个清静的夜晚，欢乐的兴致已然结束，现在担忧的是明日如何解释这醉酒之态。只好整理酒醉后的姿态，饮一杯好茶以解醉意。一个问句，将上片对茶的描写自然过渡到对茶效的赞美，谓喝茶能稍减醉意，让醉酒之态得以整齐。最后一句“余甘齿颊”，在赞美茶效同时进一步称赞茶味的隽永，谓饮茶后唇齿间久久萦绕着余留的茶味。

该词写了酒后烹茶品茶之事，词句清丽，情感欢快。词人对茶的热爱可见于字句之间，将爱茶之情寓于对茶的描摹之上，呈现出一幅酒后烹茶饮茶的和谐画面。

朝中措

茶词

程垓

华筵饮散撤芳尊[①],人影乱纷纷。且约玉骢[②]留住,细将团凤[③]平分。　　一瓯看取[④],招回酒兴[⑤],爽彻诗魂[⑥]。歌罢清风两腋,归来明月千门[⑦]。

【注释】

①华筵:丰盛的宴席。撤:除去,消除。芳尊:亦作“芳樽”,谓精制的酒器,亦借指美酒。宋刘敞《独行》:“却谢芳尊酒,悠悠谁与欢。”

②且:姑且,暂且。约:邀结,邀请。玉骢:即“玉花骢”,亦作“玉华骢”,泛指骏马。

③团凤:即凤团,宋代贡茶名,因印有凤纹得名。

④看取:看;取,作助词,无实意。

⑤酒兴:饮酒的兴致,或指酒后精神兴奋。

⑥爽:畅快舒服,明亮清朗。诗魂:诗人的精神。

⑦千门：千家，指宾客众多。

【赏析】

程垓，生卒年不详，字正伯，号书舟，眉山（今属四川）人。善诗文，词风凄婉绵丽，著有《书舟词》。

这首茶词并没有对茶之外形或碾茶烹茶之过程进行详细描述，而是从茶之功效入手，将茶能解酒、助诗情之功效以及饮茶后飘然欲仙的感受写得淋漓尽致。

上片写饮茶时间与缘由。一场盛大华丽的筵席刚刚结束，席上的酒杯被撤走，众人散去的身影纷然杂乱。但是筵席的主人并不想宾客离去，热情地邀请众宾稍作停留，再细细品尝凤团茶的美味。筵席上的茶一般于酒后供饮，一是为尽余欢，二是为留宾客。词中主人以茶留客，且提供上好的贡茶凤团茶，可见主人的热情与真情。

下片写饮茶后的感受。喝一杯凤团茶看看，刚刚饮尽的酒兴又被勾起，整个灵魂都清朗畅快，令人不禁想赋诗唱词。卢仝《走笔谢孟谏议寄新茶》有"二碗破孤闷，三碗搜枯肠，惟有文字五千卷"，写的就是饮茶后意兴大发，想一展才情的感受。黄庭坚《满庭芳·茶》（北苑春风）"搜搅胸中万卷，还倾动、三峡词源"，以及《惜余欢·茶词》（四时美景）"玉山未颓，兴寻巫峡"，与词中"爽彻诗魂"异曲同工。"歌罢"句化用《走笔谢孟谏议寄新茶》"唯觉两腋习习清风生"，既写饮茶后飘飘欲仙的感受，亦道出宾客离去归家之事。最后一句点明宾客离去之时正是夜晚，月亮的光辉照耀千家万户的门前，意在说明宾客众多，要归向许多不同的家庭。

这首词从筵罢留客到饮茶归家，词句绵丽，称颂了凤团茶的美味功效，同时也表达了词人对热情的筵席主人的感谢赞美。

浣溪沙

张镃

无计长留月里花[①],收英巧付火前茶[②]。绿尘飞处粉芳华[③]。

午夜露浓天竺径[④],一秋香满玉川[⑤]家。扫除残梦入云涯[⑥]。

【注释】

①计:计策,谋略。月里花:即桂花。

②英:花。《诗经·郑风 有女同车》:"有女同车,颜如舜英。"火前茶:指寒食节禁火以前采制的新茶。唐韩偓《己巳年正月为闽相相召却请赴沙县郊外泊船》:"数盏绿醅桑落酒,一瓯香沫火前茶。"

③绿尘:绿色尘末,喻指茶叶末。宋范仲淹《和章岷从事斗茶歌》:"黄金碾畔绿尘飞,紫玉瓯心雪涛起。"粉芳:指花。华:华美。

④天竺:山峰名,位于浙江杭州市,山上有上、中、下三天竺寺。径:步道,小路。

⑤一:满,全。玉川:即"玉川子",唐朝诗人卢仝,自号玉川子,极爱饮茶,后世诗文中常常以"玉川"为茶的代称,代表作有

脍炙人口的《走笔谢孟谏议寄新茶》(又名《七碗茶歌》)。宋陆游《昼卧闻碾茶》:"玉川七盌何须尔,铜碾声中睡已无。"

⑥扫除:廓清,荡涤。残梦:凌乱不全的梦。云崖:与云相接之处,指高远的地方。

【赏析】

张镃(1153—1211),字功甫(原字时可,因慕郭功甫,故易字功甫),号约斋,西秦(今属陕西)人,寓居临安(今属浙江杭州)。出生华贵,擅诗词,又擅画竹石古木,著有《南湖集》、《玉照堂词》、《仕学规范》等。

这首茶词写于一个秋季的深夜,上片写了收桂花、碾新茶的情景,下片写了茶香与茶效。

"无计"二字,颇有无奈之感,好景不长,好花亦不可留,感慨月下的桂花无法长久地留住,只能趁着花儿还在之时将其采摘下来,就像在寒食节前采摘新茶一样。寒食节又称"禁烟节"、"百五节"、"冷节",在夏历冬至后第一百零五日,与清明节相近;初始,寒食节当日禁烟火,只吃冷食,是汉族传统节日中唯一以饮食习俗来命名的节日,随后发展为民间第一大祭日,后来因与清明时间接近,所以人们把寒食和清明合在一起,只过清明节。火前茶较之雨前茶(详解见黄庭坚《踏莎行》(画鼓催春)注释④)更为鲜嫩,是难得的好茶。将此等好茶拿出品味,在一片芳花中碾碎。"绿尘"句,将茶叶碎末比作"绿尘",谓茶叶翠绿,茶末细微如尘,形象地描述了碾茶时茶末的色与形。茶的青翠清香与桂花的华美芳香,在明朗的夜空下愈发清雅。

下片言明此时正是深夜,天竺山中的小路可见浓浓的露水。"浓露"正是秋季"午夜"的特征。此时词人寓居临安(今属杭州),

故词中天竺应指位于杭州的天竺山。“一秋香满”即是指秋夜中散发芳香的桂花,更是指杯中烹好的火前茶,谓杯中之茶散发的香味可以飘满玉川子的家中。玉川子卢仝是极爱饮茶之人,词人谓此茶之香可以飘至卢仝家中,极言茶香之美。最后一句写了饮茶后的感受,饮一杯火前茶,顿时睡意全无,所有凌乱的残梦都被扫除,只想去到那与云相接的极高之处。道出茶能清神醒脑,以及饮后飘然欲仙之感。

词中情感基调稍显沉郁,词人与茶和花做伴,感慨花好不可留,亦是感叹好景不常在,在饮茶赏花的清雅之余,可见孤寂;“残梦”之句亦可见词人不得安眠,饮茶之兴带着些许无奈与伤感。

临江仙

茶词

刘过

红袖扶来聊促膝[①],龙团共破春温[②]。高标终是绝尘[③]氛。两箱[④]留烛影,一水试云痕[⑤]。　　饮罢清风生两腋,余香[⑥]齿颊犹存。离情凄咽更休[⑦]论。银鞍[⑧]和月载,金碾为谁分[⑨]。

【注释】

①红袖:女子的红色衣袖,借指美女。促膝:对坐而膝相接近,形容亲切交谈。

②龙团:宋代贡茶名,饼状,因印有龙纹而名。春温:春天的温暖,指春暖之时。

③高标:高名次,比喻出类拔萃的人或物。唐卢照邻《还京赠别》:“戏凫分断岸,归骑别高标。”绝尘:超尘脱俗。

④两箱:两旁,两边。

⑤一水:斗茶术语,详解见苏轼《行香子·茶词》(绮席才终)注释⑨。云痕:指茶水的水痕,亦是斗茶时评判沏茶优劣的标准

之一。宋蔡邕《茶录·点茶》:“建安斗茶,以水痕先没者为负,耐久者为胜。故叫胜负之说,曰相去一水两水。”

⑥余香:残留的香气。

⑦离情:别离的情绪。凄咽:悲伤呜咽。休:停止,罢休。

⑧银鞍:银饰的马鞍,代指骏马。宋陆游《梅花绝句》:“醉帽插花归,银鞍万人看。”

⑨金碾:碾茶工具。分:指碾茶分茶。

【赏析】

刘过(1154—1206)),字改之,号龙洲道人,吉州太和(今江西泰和)人,长于庐陵(今江西吉安),晚年隐居江苏昆山。以填词名动公卿,多抒发抗金抱负,词风豪放,与辛弃疾相近。与刘克庄、刘辰翁合称“辛派三刘”,又与刘仙伦合称“庐陵二布衣”。著有《龙洲同》。

这首词既是一首咏茶词,又是一首离别词。词的上片对离别前二人相聚斗茶的情景进行了描写,下片则借茶抒发了对友人离别的浓浓不舍。

“红袖”二句直接说出在美人的相伴下,词人与好友相对而坐,促膝长谈,并且拿出贡品好茶龙团茶,准备一品茶香。之后借称颂龙团茶称赞友人,“高标”、“绝尘”是对茶的评价,也是对友人的赞美。谓龙团茶是极为高等的茶叶,有着超凡脱俗的气质内涵,是茶叶中的出类拔萃者;友人就像这龙团茶一样,有着卓越出众的才干和高尚脱尘的品质。“两箱留烛影,一水试云痕”的情景描写,写出了词人与好友斗茶的精彩,无法避免地带上了因离别产生的愁绪。友人离开之后,陪伴自己的可能只有两边的烛影,烛影中映照的只有孑然一人的身影,不知何时才能再现“一水试云痕”的欢乐兴致。上片描写的本是品茗斗茶的欢快，可是因为对友人的不舍，使得这欢快之中也被渲染上了离别的忧伤。

词人化用卢仝《走笔谢孟谏议寄新茶》“唯觉两腋习习清风生”之句，希望饮茶之后的飘然欲仙之感和口中萦留之味能让这离情别绪暂且封藏，希望这杯龙团茶能掩盖住离愁别绪。可是事与愿违，离别的伤感是无法避免的，饮下再多的茶，也无法拒绝离别的悲伤。最后二句更是将难舍之情推向极致，在月光的照拂下，友人骑着骏马离去，从今以后，“我”还能为谁碾茶分茶？一个疑问句，问出了词人内心的强烈不舍，将对友人的留念尽显无遗。

这首茶词将浓浓别情寓于茶中，在赞美茶的同时抒发了朋友间的难舍离情；同时以茶喻人，用茶的质量比喻友人，表达了对茶和友人的赞美。

西江月

茶词

程珌

岁贡[①]来从玉垒[②]，天恩拜赐金奁[③]。春风一朵紫云[④]鲜，明月轻浮盏面。　想见清都绛阙[⑤]，雍容多少[⑥]神仙。归来满袖玉炉[⑦]烟，愿侍年年天宴[⑧]。

【注释】

①岁贡：古代诸侯国或属国每年向朝廷进献礼品，这里指地方每年向朝廷进献贡品。

②玉垒：指玉垒山，在四川省理县东南。《汉书·地理志》："玉垒山，湔水所出，东南至江阳（今四川泸州市）入江。"

③天恩：指帝王的恩惠。《后汉书·班超传》："幸得以微功，特蒙重赏，爵列通侯，位二千石，天恩殊绝。"拜赐：拜谢或拜受赐赠。奁：泛指盒匣一类的盛物器具。金奁：金匣，对盛物器具的美称。

④春风：比喻恩泽，亦指茶。紫云：紫色云，古以之为祥瑞之

光。汉焦赣《易林·履之渐》:“黄帝紫云,圣且神明,光见福祥,告我无殃。”

⑤清都绛阙:亦作“清都紫微”,神话传说中天帝居住的宫阙。

⑥雍容:形容仪态温文大方。多少:多,许多。唐杜牧《江南春》:“南朝四百八十寺,多少楼台烟雨中。”

⑦玉炉:指道家的炼丹炉,亦是熏炉的美称。

⑧侍:陪同或伺候尊长、主人。天宴:天上的宴席,这里指皇帝举行的宴席。

【赏析】

程珌(1164—1242),字怀古,自号洺水遗民,休宁(今属安徽)人。著有《洺水集》。

这首茶词应是作于宴会之上,词的上片写了皇帝赐茶,宴上烹茶;下片表达了饮茶后的感受以及内心的忠诚感激。

开篇即说出此茶是来自四川玉垒山的贡茶。“天恩”句谓臣子拜赐皇帝的赏赐,写出了皇帝对臣子的关爱,亦表达了臣子对皇恩的感激。君臣之间,其乐融融。“金奁”本为盛物的盒匣类器具,此“金奁”应为盛茶的器具。“春风”二句,描绘了烹茶的情景。“春风”喻茶,言此茶鲜嫩;“紫云”喻茶,言此茶质量极好,有如寓有祥瑞之兆的紫云一般;又用“明月”比喻茶面,意在说明茶汤茶沫的鲜白,茶沫漂浮于茶汤之上,犹如明月悬浮于夜空,茶沫颜色鲜白,犹如明月的华光。“茶色贵白”,茶沫贵浓,此处极言茶沫茶色,称赞此茶的质量,同时借茶表达了对皇恩的赞美。“春风”即是茶的代指,亦有恩泽之意,将皇帝的恩泽与茶融为一体,于咏茶中称颂皇恩。

“想见清都绛阙，雍容多少神仙”，是词人饮茶后对仙界仙人的想象，道出饮茶后飘飘欲仙、思绪缥缈的感受，意在说明此茶极美，令人忘却烦恼，神回天界。“归来”句谓从想象中回到现实，仿佛身上的衣物都受到了仙界炉烟的熏染。这亦是词人的想象，为引出后句“愿侍年年天宴”，明说希望每年都能在天上的宴席上侍候，实则暗表对皇上衷心，愿意年年侍候在皇上左右。

该词极言皇恩，虽有明显的应制之感，但从词句之间可见词人对茶的喜爱称颂。

水调歌头

咏茶

葛长庚

二月一番[①]雨，昨夜一声雷。枪旗[②]争展，建溪春色[③]占先魁[④]。采取枝头雀舌[⑤]，带露和烟捣碎，炼作紫金[⑥]堆。碾破香无限，飞起绿尘埃[⑦]。　　汲新泉，烹活火[⑧]，试将来。放下兔毫瓯子[⑨]，滋味舌头回。唤醒青州从事[⑩]，战退睡魔百万[⑪]，梦不到阳台[⑫]。两腋清风起，我欲上蓬莱。

【注释】

①一番：一回，一次，一阵。

②枪旗：即旗枪，指新茶的嫩芽，因芽尖细如枪，叶展开如旗，故名。

③建溪：即建茶。详解见晁端礼《少年游》(建溪灵草已先尝)注释①。春色：借指春茶。

④占：占有，据有。先：超越，居前。魁：头部，引申为首选、第一。

⑤枝头：树梢，树枝上。雀舌：茶叶嫩叶，因形状小巧似雀舌而名。

⑥紫金：一种珍贵矿物。刘桢《鲁都赋》："紫金扬晖于鸿岸，水精潜光乎云穴。"

⑦尘埃：飞扬的灰土，这里指碾碎的茶末。

⑧新泉：指新鲜的泉水。活火：有焰的火，烈火。唐赵璘《因话录·商上》："茶须缓火炙，活火煎。活火谓炭火之焰者也。"

⑨兔毫：即兔毫盏，详解见史浩《如梦令》(一笑尊前相语)注释⑥。瓯子：用于饮酒饮茶的小容器。

⑩从事：官名。青州从事：代指美酒，这里指好茶。语出南朝宋刘义庆《世说新语·术解》："桓公有主簿善别酒，有酒辄令先尝。好者谓'青州从事'……从事，言到脐。"谓好酒的酒气可直到脐部。这里指茶味可直通腹部。

⑪睡魔：使人昏睡的魔力，比喻强烈的睡意。百万：形容数目极大。

⑫阳台：即王屋山，相传黄帝曾访道于王屋山，故以之泛指修道之山。唐李商隐《寄永道士》："共上云山独下迟，阳台白道细如丝。"朱鹤龄注："王屋山，仙之别天，所谓阳台是也。始得道者，皆诣阳台，是清虚之宫也。"

【赏析】

葛长庚(1194—？)，字如晦、紫清、白叟，南宋道士，自号海琼子、海南翁、武夷散人等，晚号白玉蟾。祖籍福建闽清，生于琼州(今海南琼山)。能诗文，擅书画，致力于传播丹道，著述甚丰，有《玉隆集》、《上清集》、《武夷集》等，词作方面著有《海琼集》。

水调歌头，词牌名，又名水调歌、元会曲、凯歌、台城游、江南好、花犯念奴等，双调九十五字。

这首咏茶词气势磅礴，从茶的生长开始，讲述了采茶、制茶、烹茶、饮茶之事。

该词开篇就极具气势。二月一阵春雨过后，茶叶们蠢蠢欲动，一声春雷响起，将还在沉睡的春茶呼醒，都争先恐后地伸展枝芽。“枪旗”比作茶叶的嫩芽，言其形状好似旗枪一般；“一声雷”，将茶叶的静静生长写得气势蓬勃；“争展”，将茶叶的茁壮成长写得极具人性。“建溪”句言明此茶乃是产于福建建溪的建茶，“占先魁”直接称赞此建茶乃是茶叶中的魁首，是茶品中位于第一的好茶。建溪是出产贡茶的地方，其地所产之茶质量极好。前四句是对茶之生长的介绍，为后文的采茶制茶做铺陈。采茶的时候选取茶叶枝头最嫩的部位，参入露和烟一起碾碎，制成极为珍贵的茶饼。词中用“紫金堆”比作茶饼，紫金是极为珍贵的矿物，意在说明此茶的贵重难得。此三句对采茶和制茶的描写，宋徽宗赵佶《大观茶论·采择》有：“凡芽如雀舌谷粒者为斗品，一枪一旗为拣芽，一枪二旗为次之，余斯为下”，词中所采之茶乃是茶叶最嫩之雀舌部分，采摘所得很少，亦可见此茶的珍贵。后二句则是对碾茶的描摹，谓碾碎茶饼，散发出无限茶香，碾碎的茶末就像飞扬的绿色灰尘一般。“绿尘埃”既写出了新茶茶色的翠绿，亦写出了茶末形状的质轻细微。“捣碎”、“炼作”、“碾破”、“飞起”等颇具力度的动词，形象地展现了茶叶制造、研磨的过程，将其他词人笔下的从容动作写得极富气势，带给了读者另一番享受。

词的下片则写了烹茶、饮茶之事。“试将来”为品茶之意，“新泉”谓烹茶之水是新取的新鲜泉水，宋人烹茶之水极为讲究，赵佶《大观茶论·水》有“但当取山泉之清洁者”，可见泉水是茶水的首选；“活火”意为烈火，烹茶火候亦是极为重要，张源《茶录·火候》有“烹茶旨要，火候为先……过于文则水性柔，柔则水为茶降；过于武则火性烈，烈则茶为水制。皆不足于中和，非茶家要旨也”，蔡襄《茶录·候汤》亦有“候汤最难。未熟则沫浮，过熟则茶沉”，可见烹茶时火候的重要与难控。此三句将烹茶的繁复过程仅用“汲”、“烹”、“试”三个极简单的动作概括，简约而不失气势。“放下”二句言饮完茶后茶味在口中回味无穷之感，紧接着“唤醒”、“战退”二词，进一步讲述饮茶后神清气爽的感受，言词就像是打完胜仗的豪言壮语一般，表明茶的清神醒脑之功效。最后一句化用卢仝《走笔谢孟谏议寄新茶》的“七碗吃不得也，唯觉两腋习习清风生，蓬莱山，在何处”，更进一步地道出饮茶带来的飘飘欲仙之感。

这首茶词以茶为中心，从茶的生长到采摘、制作、烹煮以至最后的品饮，一气呵成，气势不凡，可见词人对建茶的喜爱与称颂。

西江月

送腊茶答[①]王和父

夏元鼎

万汇阳春吐秀[②],争如雀舌含英[③]。先天一气[④]社前[⑤]升[⑥],啖出昆仑[⑦]峰顶。　　要得丁公煅炼[⑧],飞成宝屑[⑨]窗尘。蜜脾神用[⑩]脱金形,送与仙翁体认[⑪]。

【注释】

①腊:早春之义。腊茶:指早春茶。宋欧阳修《归田录》:“腊茶出于剑、建(均属福建),草茶盛于两浙。”答:报礼,答谢。

②万汇:万物,万类。唐韩愈《祭董相公文》:“五气叙行,万汇顺成。”阳春:春天,温暖的春天。吐秀:形容花儿即将开放和植物开始生长的状态。

③争如:怎么比得上,犹不如。雀舌:茶叶嫩叶,因形状小巧似雀舌而名。沈括《梦溪笔谈·杂志》:“茶芽,古人谓之‘雀舌’、‘麦颗’,言其至嫩也。”含英:谓花朵含苞待放,与“吐秀”义同。

④先天一气:又称先天真一气、先天真气、太乙含真气,为道

教内丹学专有名词，意为在天地生成之前的一气，是天地万物的本根母体。

⑤社：本意谓土地神，引申为祭祀社神的节日，即社日，后亦沿用为时令名。一年有两个社日，即春社和秋社。社前：指的是春社日之前。春社是最为古老的汉族传统民俗节日之一，一般为立春（二十四节气中的第一个节气）之后的第五个戊日，约在春分（二十四节气中的第四个节气，农历二月二十五日前后）前后。

⑥升：谷物成熟、登场。《谷梁传·襄公二十四年》："五谷不升为大饥。"

⑦啖：给……吃。《汉书·王吉传》："吉妇取枣以啖吉。"昆仑：山名，古代神话传说中最重要的仙山。

⑧丁公：指丁谓，字谓之，后更字公言，其在福建做转运使时，创制龙凤团茶。宋张舜民《画墁录》："丁晋公为福建转运使，始制为凤团，后又为龙团，专拟上贡。"煅炼：烧熬，这里指制作茶叶。

⑨宝屑：指茶末。

⑩蜜：甘美，甜美。神用：精神的功能。《南史·梁哀太子大器传》："太子性宽和，兼神用端嶷，在贼中每不屈意。"

⑪体认：体察认识。宋张载《张子语录·后录下》："大抵心与性情，似一而二，似二而一，此处最当体认。"

【赏析】

夏元鼎，生卒年不详（约1201年在世），字宗禹，号云峰散人，又号西城真人，永嘉（今属浙江温州）人。尝入仕为官，后弃官入道，著有《紫阳真人悟真篇讲义》、《黄帝阴符经讲义》、《蓬莱鼓吹》等。

这是一首赠答词，是词人为答谢王和父所作，词中对所赠之物——腊茶进行了详细的描写，从茶的生长到制作，以及饮茶带来的享受，在词中均有涉及。

词的上片主要是对茶的生长环境进行描写。首句用对比、比喻的手法，把嫩茶比作“雀舌”，与天地万物作对比，谓天地万物都在春天得以生长，但是其他所有事物都比不过刚刚生出嫩芽的茶叶。后二句则通过想象，对茶叶生长时间与地点进行描述，谓此茶是在春社日之前采摘的，它生长于昆仑山的峰顶，集合了天地间的本源之气生长而成。“昆仑”是古代传说中的神山，“先天一气”是天地生成之前的一气，二者皆不是现实生活中可触可及之物，词人谓此茶生于“昆仑峰顶”，吸收“先天一气”，通过丰富的想象，极言此茶的珍贵稀有。“社前”二字又指出采茶时间，社前日是早春之时，社前茶乃是茶中上品。上片四句，句句言说腊茶的鲜嫩、珍贵，运用各种修辞手法，将此腊茶的贵重尽显无遗。

下片从制茶开始，用极简单的两句话概括了制茶碾茶的复杂过程。茶叶的生产从采摘茶叶到制成茶饼有多道工序，唐时有采、蒸、捣、拍、焙、穿、封七道工序，至宋则于蒸之前多加一道：拣。赵佶《大观茶论·制造》亦对制茶有记载：“涤芽惟洁，濯器惟净，蒸压惟其宜，研膏惟热，焙火惟良……夫造茶，先度日晷之长短，均工力之众寡，会采择之多少，使一日造成，恐茶过宿，则害色味。”可见制茶不仅工序烦琐，每一道工序亦是极为严格讲究，而词中仅用“丁公煅炼”一句，借用丁谓创制龙凤团饼之典，概括所有制茶工序，可谓简洁大方。“飞成宝屑窗尘”，描绘制茶时的情景，将碾磨茶叶时产生的茶末比作“屑”、“尘”，言明茶末的细微质轻，表明制作的精细严格。“蜜脾”道出茶味之甘，“神用”、“脱金形”道出茶之清神醒脑、洗涤思绪的功效。最后一句再次发挥想象，写出饮茶带来的飘飘欲仙之感。下片四句，从制茶到茶效，概括简洁，言微意广。

这首赠答词，运用诸多修辞手法，对腊茶进行了多方面的赞美，对茶进行称颂亦可看出词人对好友王和父的情深。

谒金门

和韵[①]赋茶

吴潜

汤怕老[②]，缓煮龙芽凤草[③]。七碗徐徐撑腹了，庐家诗兴渺[④]。

君岂荆溪路杳[⑤]，我已泾川[⑥]梦绕。酒兴茶酣人语悄[⑦]，莫教鸡聒晓[⑧]。

【注释】

①和韵：依照已有作品的原韵作诗作词。

②汤：指烹茶之水。老：指水过熟。

③芽：茶的嫩芽。龙芽凤草：茶名，指龙凤团茶的嫩芽。宋姚宽《西溪丛话》："茶有十纲，第一第二纲太嫩，第三纲最妙，自六纲至十纲，小团至大团而至。第一名曰试新，第二名曰贡新，第三名有十六色：龙园胜、雪白茶、万寿龙芽。"

④卢家：指唐朝诗人卢仝，其人嗜茶，代表作《走笔谢孟谏议寄新茶》，又名《七碗茶歌》。渺：邈远，渺茫。

⑤岂：虚词，用于句首或句中，表示祈使。荆溪：古县名，今属江苏宜兴。杳：深远，隐约，这里指路途遥远。

⑥泾川：泾溪，水名，位于安徽泾县西南。

⑦酣：畅快。悄(qiǎo)：寂静无声。

⑧聒：喧闹，声音高响或杂乱。聒晓：指鸡打鸣。

【赏析】

吴潜(1195—1262)，字毅夫，号履斋，德清人。词风近于辛弃疾，多抒发济时忧国的抱负和报国无门的悲愤，格调沉郁，感慨特深。著有《履斋遗集》，有词集《履斋诗余》。

谒金门，词牌名，原为唐教坊曲，又名空相忆、垂杨碧、出塞、花自落、东风吹酒面、杨花落等，双调四十五字。

这首和韵咏茶诗，侧重于对饮茶后的描写，将“撑腹”、“诗兴渺”、“梦绕”、“人语悄”等饮茶后的感受和情景进行了描绘。

首二句写出了烹茶的情景。一杯好茶，不仅要茶质好，茶水亦十分重要，除了对水源的讲究，煮水时的火候也要精准掌控。陆羽《茶经》有：“其沸如鱼目，微有声为一沸，缘边如涌泉连珠为二沸，腾波鼓浪为三沸，已上水老不可食也。”蔡襄《茶录·候汤》亦有：“候汤最难。未熟则沫浮，过熟则茶沉，前世谓之蟹眼者，过熟汤也。”皆说煮茶时要注重候汤，茶汤不可过熟过老，否则无法烹出好茶。“汤怕老”表明词人候汤十分认真，意为此茶之水恰到火候，没有过熟过老。“缓”字写出了词人煮茶时从容不迫的雍容之态，谓将龙凤茶的嫩芽放入水中慢慢烹煮。后二句借用唐朝诗人卢仝之典，讲述了饮茶之后“撑腹”和“诗兴渺”的感受。卢仝所作咏茶诗《走笔谢孟谏议寄新茶》，又名《七碗茶歌》，写出了饮茶带来的美妙意境：“一碗喉吻润，二碗破孤闷。三碗搜枯肠，惟有文字五千卷。四碗发轻汗，平生不平事，尽向毛孔散。五碗肌骨清，六碗通仙灵。七碗吃不得也，唯觉两腋习习清风生。蓬莱山，在何处？玉川子乘此清风欲归去。”饮茶至第三碗能让诗人神思敏捷，诗兴大发；第四碗能扩大胸襟，将平生不快之事抛至九霄之外；第七碗茶效更甚，能让两腋生风，有乘风归去蓬莱仙境之感。词中“诗兴渺”借用此诗中饮第三碗茶之感受，谓饮茶之后之诗兴大发。

下片紧承饮茶之感，写了思绪缥缈，飘飘欲仙之感。最后一句则是对情景的描写，谓喝酒饮茶是一件令人十分高兴畅快的事情，此时室内外都十分寂静，千万不要让公鸡的打鸣声破坏了此时的安静。可见词人十分享受饮茶带来的宁静之感。

这首茶词并没有对烹茶过程进行过多的描摹，更未涉及制茶、碾茶之工序，而是将视线放在饮茶感受上，通过对饮茶之后的各种感受表达了词人对品茶的享受。

望江南

茶

吴文英

松风[①]远，莺燕[②]静幽坊。妆褪宫梅人倦绣[③]，梦回春草日初长。瓷碗试新汤[④]。　　笙歌断，情与絮悠扬[⑤]。石乳[⑥]飞时离凤怨，玉纤分处露花[⑦]香。人去月侵[⑧]廊。

【注释】

①松风：形容煮茶时的水声，代指茶。详解见黄庭坚《西江月·茶》（龙焙头纲春早）注释⑩。

②莺燕：黄莺与燕子，泛指春鸟。

③宫梅：指梅妆，或称梅花妆，古时女子妆式，相传始于南朝宋寿阳公主，其妆为描梅花状图饰于额上。倦：懈怠，厌烦。绣：刺绣。

④试新汤：指烹煮新茶。

⑤悠扬：久远，飘忽。

⑥石乳：茶名。《宋史·食货志下五》："茶有二类，曰片茶，曰

散茶。片茶蒸造……有龙、凤、石乳、白乳之类十二等。”

⑦玉纤：对女子手的美称。分：指分茶，一种烹茶技艺，详解见王之道《西江月》（磨急锯霏琼屑）注释①。露花：指茶水。

⑧侵：侵袭，侵占。

【赏析】

吴文英（约1200—约1260），字君特，号梦窗，晚年又号觉翁，四明（今浙江宁波）人。工于词，精音律，词作数量颇丰，词风雅致，多酬答、伤时忆悼之作，有“词中李商隐”之称。著有《梦窗词集》。

望江南，词牌名，原为隋乐曲名，又名忆江南、梦江南、江南好等。唐时仅为单调，宋时增双调。此首词为双调五十四字。

这首茶词寄寓了作者的浓浓哀思，在烹茶中回忆往事，表达了对远去故人的深切思念。

词的上片营造了一个幽静的环境，周围听不见黄莺和燕子的鸣叫，只有煮水的声响回荡在这寂静的房间。莺燕既是指春鸟的鸣叫，亦是指过去与故人在此地的欢声笑语。今昔对比，现在再也听不到往时的欢声笑语，有的只是词人独自一人烹茶煮水的声响和身影，营造出了一种物是人非的苍凉与孤寂。“妆褪”、“倦绣”塑造了一位褪去装饰、无心刺绣的女子形象，“梦回”一句将词人带入对过去的回忆，原来这位女子是词人回忆中的那位故人，过去的“我们”也是喜欢用瓷碗品尝新茶。将如今的烹茶之景与过去的饮茶之乐作对比，昔日的欢乐更加反衬着今日的孤寂，更加牵动着词人的思念。

下片从回忆中回到现实，过去的歌声早已停止，剩下的只有绵长的思念与愁绪。“石乳”句写了碾茶时的情景，将石乳茶碾碎，茶末纷飞，就好像龙凤分离的愁怨。借分茶时茶饼的逐渐分离，暗喻词人与故人的永远离别，寓情于景。“玉纤”句是对烹茶的描写，茶香将词人带回现实。最后一句“人去月侵廊”，谓故人已去，唯有与月华做伴，更显凄清冷寂。

整首茶词寓情于茶，对茶之爱与对人之念难以分离。回忆与现实的交织出现，更加突出了昔日的欢乐与如今孤寂的鲜明对比；词中虽无过多的文辞藻饰，可她的一颦一笑皆在词人笔下，对故人的深深怀念可见一斑。

渔家傲

无名氏

轻拍红牙[①]留客住，韩家石鼎联新句[②]。珍重龙团并凤髓[③]，君王与。风吹破黄金缕[④]。　往事不须凭陆羽[⑤]，且看盏面浓如乳[⑥]。若是蓬莱鳌[⑦]稳负，知何处。玉川一枕[⑧]清风去。

【注释】

①红牙：乐器名，檀木制的拍板，用于调节乐曲的节拍。

②韩家：指韩愈。石鼎：陶制的烹茶用具。唐皮日休《冬晓章上人院》："松扉欲启如鸣鹤，石鼎初煎若聚蚊。"石鼎联新句：韩愈有诗为《石鼎联句》。

③珍重：珍贵。龙团、凤髓：宋代贡茶名，因饼上印有龙、凤图案而名。

④黄金缕：指的是茶饼上所缕的金花，代指茶饼。苏轼《行香子·茶词》（绮席才终）："看分香饼，黄金缕、密云龙。"

⑤不须：不用，不必。陆羽：733—804年，字鸿渐，号竟陵子、桑苎翁、东风子、茶山御史等，嗜茶且精于茶道，著有世界第一部

茶叶专著——《茶经》,被誉为“茶仙”、“茶圣”。

⑥盏面:盏口平面。浓如乳:指茶沫很浓,就像茶乳。

⑦鳌:传说中海中能负山的大鳖或大鱼。

⑧玉川:指卢仝,详解见张镃《浣溪沙》(无计长留夜里花)注释⑤。一枕:指一卧。

【赏析】

该词作者已不可考。

渔家傲,词牌名,双调六十二字,因宋晏殊词中“神仙一曲渔家傲”一句而得名。

这首咏茶词作于宴席之上,上片描述了筵席上宾主尽欢、其乐融融的情景,下片则写了烹茶饮茶之事。

“轻拍”句说明筵席已然接近尾声,主人热情地挽留宾客。第二句借用韩愈《石鼎联句》之典,道出筵席上众人诗文唱和、其乐融融。“珍重”句直接点明主人招待宾客所用之茶乃是极为珍贵的龙凤团茶,“君王与”更是进一步强调此茶的珍贵。龙凤团茶是宋朝贡茶之一,乃是上品好茶,宋张舜民《画墁录》记载:“始制为凤团,后又为龙团,专拟上贡,虽近臣之家,徒闻之而未尝见也”,可见此茶的难得。“春风”句将碾茶的繁复化简,不仅写明碾茶之事,同时“春风”也有恩泽、气氛融和之意,不仅有对君王恩赐的感激,亦表明此时筵席气氛温暖融和。

下片首句借用茶圣陆羽之典,谓不需要借助陆羽的指点,亦可以将茶烹好,言明烹茶之人技术之好。接着并没有对烹茶过程进行细描,而是直接将视线转向茶面,“且看”句描绘了盏中茶沫相当浓厚,好似茶乳。宋人饮茶,讲究点茶,一手注汤一手击沸,须有汤花浮于盏面方才停止,此汤花即是茶乳。“浓如乳”说明汤花较厚，侧面表明点茶技艺的精湛。最后二句化用两个典故，道出饮茶后飘飘欲仙之感。“蓬莱鳌稳负”化用《列子》中的典故，蓬莱为神话传说中的仙山，据《列子·汤问》记载：“其中有五山焉：一曰岱舆……五曰蓬莱……五山之根，无所连箸，常随潮波上下往还，不得蹔峙焉……帝恐流于西极……乃命禺强（又称禺强、禺京，神话传说中的海神）使巨鳌十五举首而戴之。”同时，蓬莱山亦是卢仝《走笔谢孟谏议寄新茶》中的仙山，其有诗句“蓬莱山，在何处？玉川子乘此清风欲归去”，词中“知何处。玉川一枕清风去”即是化用卢仝此句，意在说明饮茶感受。

该词表达了词人对筵席主人的感谢以及对茶的喜爱，上片数句交代了宴会场景、碾茶情景，亦表现了宴会主人的热情与宾主尽欢的愉快之情；下片数句，连用三个典故，赞美了点茶技艺的高超，亦称颂了茶味的美妙以及饮茶带来的神奇体验。

醉落魄

无名氏

红牙板歇[①],韶[②]声断、六么初彻[③]。小槽酒滴真珠竭[④]。紫玉瓯[⑤]圆,浅浪泛春雪[⑥]。　香芽嫩蕊清心骨[⑦],醉中襟量[⑧]与天阔。夜阑似觉归仙阙[⑨]。走马章台[⑩],踏碎满街月。

【注释】

①红牙:檀木制的乐器名。歇:停止。

②韶:传说舜所作的乐曲名,为古乐的统称;又有美好之意。

③六么:指舞蹈。宋赵长卿《清平乐·初夏舞宴》(清和时候):"六么舞到虚催。"彻:撤去,离去。

④小槽:古时制酒器中的一个部件,酒由此缓缓流出。真珠:指酒。唐李贺《将进酒》:"琉璃钟,琥珀浓,小槽酒滴真珠红。"竭:穷尽。

⑤紫玉瓯:指茶盏,详解见秦观《满庭芳·茶词》(雅燕飞觞)注释⑩。宋范仲淹《和章岷从事斗茶歌》:"黄金碾畔绿尘飞,紫玉瓯心雪涛起。"

⑥春雪：形容茶乳。

⑦香芽嫩蕊：指嫩茶。清心：纯正之心。骨：人的骨相或气质，这里指茶的内涵品质。

⑧襟量：气度，气量。

⑨仙阙：仙宫。唐王勃《晚秋游武担山寺序》："宝刹香坛，犹芬仙阙。"

⑩章台：为汉代长安街名。走马章台：指骑马在街道上行走。

【赏析】

该词作者已不可考。

醉落魄，词牌名，又名一斛珠、怨春风、章台月等，双调五十七字。

该词记述了筵席上酒足兴尽之后的烹茶之乐，上片描写了筵席结束的场景和烹茶情状，下片则道出饮茶感受。

"红牙板歇，韶声断、六么初彻"，描绘了筵席结束，歌曲乐器都已停止演奏，舞蹈也刚刚停歇。"小槽"句化用唐李贺《将进酒》的"小槽酒滴真珠红"，谓酒槽中没有一滴酒剩下，表明筵席上的酒饮已经结束，进一步展现了筵席结束时的场景。"紫玉瓯圆，浅浪泛春雪"，则是对烹茶情状的描摹，将茶乳比作"春雪"，谓茶盏中浮起一层白色的茶乳。茶乳的有无和厚薄是评价一杯茶好坏的标准之一，陆羽《茶经》有："沫饽，汤之华也。华之薄者曰沫，厚者曰饽，细轻者曰花。"又有"茗有饽，饮之宜人"。词中茶"泛春雪"，有厚乳，说明此茶极好。

下片将茶与酒结合，谓茶有纯正的气质，酒则能让人有可与天比的气量。此二句采用互文的手法，实则赞美茶不仅有干净纯洁的内涵，还有开阔胸襟的作用。"夜阑"句写出饮茶后飘然欲仙之感,同时指明时间,夜晚即将结束,宾客们都即将散去。“走马章台,踏碎满街月”,蕴含了浓浓的诗味,骑着骏马悠闲地走在街道上,马蹄将洒满街道的月光都踩碎了。“踏碎”二字,给这寂静的夜晚带来一丝生动,仿佛可以看见那散落在街道与归人身上的月华,好一幅安宁和谐的夜景图。

该词从室内的筵席延伸到室外的街道,从筵席的歌舞转向归途的月华,一片喧嚣终归宁静,中间则有茶作为过渡,在赞美了茶水茶乳之后,进一步称颂茶所具有的内涵质量,可见词人对茶的褒扬与喜爱。

附录

宋代涉茶词辑录

合宫歌

皇祐二年飨明堂

赵祯

缵重明。端拱保凝命。广大孝休德，永锡四海有庆。觚坛寓礼正典名。幔室雅奏，彩仗崇制定。五位仿古甚盛。蒿宫光符辰星。高秋嘉时款芎灵。交累圣。上下来顾，寅畏歆纯诚。三阶平。金气肃，转和景。翠葆御双观，巽风兑泽布令。脂茶刬荡墨索清。远迩响附，动植咸遂性。表里穆悦，庶政醇醲，熙然胥庭。唐舜华封祝，如南山寿永。愿今广怀宁延，昌基扃。

雨中花

苏轼

今岁花时深院，尽日东风，荡飏茶烟。但有绿苔芳草，柳絮榆钱。闻道城西，长廊古寺，甲第名园。有国艳带酒，天香染袂，为我留连。　　清明过了，残红无处，对此泪洒尊前。秋向晚，一枝何事，向我依然。高会聊追短景，清商不暇馀妍。不如留取，十分春态，付与明年。

南歌子

晚春

苏轼

日薄花房绽，风和麦浪轻。夜来微雨洗郊垌。正是一年春好、近清明。　　已改煎茶火，犹调入粥饧。使君高会有馀清。此乐无声无味、最难名。

望江南

暮春

苏轼

春未老，风细柳斜斜。试上超然台上看，半壕春水一城花。烟雨暗千家。　　寒食后，酒醒却咨嗟。休对故人思故国，且将新火试新茶。诗酒趁年华。

十拍子

暮秋

苏轼

白酒新开九酝，黄花已过重阳。身外倘来都似梦，醉里无何即是乡。东坡日月长。　　玉粉旋烹茶乳，金齑新捣橙香。强染霜髭扶翠袖，莫道狂夫不解狂。狂夫老更狂。

浣溪沙

苏轼

簌簌衣巾落枣花。村南村北响缫车。牛衣古柳卖黄瓜。酒困路长惟欲睡，日高人渴漫思茶。敲门试问野人家。

浣溪沙

苏轼

元丰七年十二月二十四日，从泗州刘倩叔游南山

细雨斜风作晓寒。淡烟疏柳媚晴滩。入淮清洛渐漫漫。雪沫乳花浮午盏，蓼茸蒿笋试春盘。人间有味是清欢。

南乡子

李之仪

春后雨馀天。娅姹黄鹂胜品弦。榴叶千灯初报暑，阶前。只有茶瓯味最便。　　身世几蹁跹。自觉年来更可怜。欲问此情何所似，缘延。看取窗间坠柳绵。

雨中花

送彭文思使君

黄庭坚

政乐中和，夷夏宴喜，官梅乍传消息。待作新年欢计，断送春色。桃李成阴，甘棠少讼，又移旌戟。念画楼朱阁，风流高会，顿冷谈席。　　西州纵有，舞裙歌板，谁共茗邀棋敌。归来未得，先沾离袖，管弦催滴。乐事赏心易散，良辰美景难得。会须醉倒，玉山扶起，更倾春碧。

更漏子

馀甘汤

黄庭坚

庵摩勒，西土果。霜后明珠颗颗。凭玉兔，捣香尘。称为席上珍。　　号馀甘，争奈苦。临上马时分付。管回味，却思量。忠言君试尝。

望远行

黄庭坚

序：勾尉有所眄，为太守所猜。兼此生有所爱，住马湖。马湖出丁香核荔枝，常以遗生。故戏及之。

自见来，虚过却、好时好日。这訑尿粘腻得处煞是律。据眼前言定，也有十分七八。冤我无心除告佛。　管人闲底，且放我快活啰。便索些别茶祈待，又怎不遇偎花映月。且与一班半点，只怕你没丁香核。

好事近

汤词

黄庭坚

歌罢酒阑时，潇洒座中风色。主礼到君须尽，奈宾朋南北。

暂时分散总寻常，难堪久离拆。不似建溪春草，解留连佳客。

宴桃源

书赵伯家小姬领巾

黄庭坚

天气把人僝僽。落絮游丝时候。茶饭可曾忺，镜中赢得销瘦。生受。生受。更被养娘催绣。

好事近

橄榄

黄庭坚

潇洒荐冰盘，满座暗惊香集。久后一般风味，问几人知得。

画堂饮散已归来，清润转更惜。留取酒醒时候，助茗瓯春色。

阮郎归

茶词

歌停檀板舞停鸾。高阳饮兴阑。兽烟喷尽玉壶干。香分小凤团。　雪浪浅，露花圆。捧瓯春笋寒。绛纱笼下跃金鞍。归时人倚阑。

（按：此首一作苏轼词，见前文赏析；二作黄庭坚词，见《豫章黄先生词》；三作张先词，见《张子野词·卷一》）

金蕉叶

晁端礼

楼头已报冬冬鼓。华堂渐、停杯投箸。更闻急管频催，凤口香销炷。花映玉山倾处。　主人无计留宾住。溪泉泛、越瓯春乳。醉魂一啜都醒，绛蜡迎归去。更看后房歌舞。

蝶恋花

秦观

紫燕双飞深院静。簟枕纱厨，睡起娇如病。一线碧烟萦藻井。小鬟茶进龙香饼。　拂拭菱花看宝镜。玉指纤纤，捻唾撩云鬓。闲折海榴过翠径。雪猫戏扑风花影。

醉太平

米芾

风炉煮茶。霜刀剖瓜。暗香微透窗纱。是池中藕花。　高梳髻鸦。浓妆脸霞。玉尖弹动琵琶。问香醪饮么。

南乡子

九日用东坡韵

陈师道

晴野下田收。照影寒江落雁洲。禅榻茶炉深闭阁,飕飕。横雨旁风不到头。　　登览却轻酬。剩作新诗报答秋。人意自阑花自好,休休。今日看时蝶也愁。

诉衷情

商调

周邦彦

堤前亭午未融霜。风紧雁无行。重寻旧日岐路,茸帽北游装。　　期信杳,别离长。远情伤。风翻酒幔,寒凝茶烟,又是何乡。

谒金门

谢逸

帘外雨。洗尽楚乡残暑。白露影边霞一缕。绀碧江天暮。沉水烟横香雾。茗椀浅浮琼乳。卧听鹧鸪啼竹坞。竹风清院宇。

望江南

谢逸

临川好,柳岸转平沙。门外澄江丞相宅,坛前乔木列仙家。春到满城花。　　行乐处,舞袖卷轻纱。谩摘青梅尝煮酒,旋煎白雪试新茶。明月上檐牙。

声声慢

张阁

长天霞散，远浦潮平，危阑注目江皋。长记年年荣遇，同是今朝。金銮两回命相，对清光、频许挥毫。雍容久，正茶杯初赐，香袖时飘。　　归去玉堂深夜，泥封罢，金莲一寸才烧。帝语丁宁，曾被华衮亲褒。如今谩劳梦想，叹尘踪、杳隔仙鳌。无聊意，强当歌对酒怎消。

满庭芳

夏曲

毛滂

烁石炎曦，过云急雨，院落槐午阴清。藕花开遍，绿细一池萍。槽下真珠溜溜，龙团破、河朔馀酲。阑干外，梧桐叶底，金井辘轳声。　　盈盈。开雾帐，珊瑚连枕，云母围屏。对肌肤冰雪，自有凉生。翠袖风回画扇，拂香篆、虬尾斜横。北窗晚，娟娟静色，竹影上帘旌。

摊声浣溪沙

毛滂

序：天雨新晴，孙使君宴客双石堂，遣官奴试小龙茶。

日照门前千万峰。晴飙先扫冻云空。谁作素涛翻玉手，小团龙。　　定国精明过少壮，次公烦碎本雍容。听讼阴中苔自绿，舞衣红。

调笑令

破子

毛滂

酒美。从酒贵。濯锦江边花满地。鹔鹴换得文君醉。暖和一团春意。怕将醒眼看浮世。不换云芽雪水。

浣溪沙

送因觉先

惠洪

南涧茶香笑语新。西州春涨小舟横。困顿人归烂熳晴。天迥游丝长百尺,日高飞絮满重城。一番花信近清明。

望江南

张继先

西源好,雨霁敛红纱。碧水静摇招钓叟,绿苔寒迫起渔家。携驾会春茶。　　风浩浩,锦荫石屏华。灌鼎上方敲翠竹,辘轳西去碎丹砂。休问乐津涯。

朝中措

朱敦儒

先生筇杖是生涯。挑月更担花。把住都无憎爱,放行总是烟霞。　　飘然携去,旗亭问酒,萧寺寻茶。恰似黄鹂无定,不知飞到谁家。

减字木兰花

朱敦儒

有何不可。依旧一枚闲底我。饭饱茶香。瞌睡之时便上床。　　百般经过。且喜青鞋踏不破。小院低窗。桃李花开春昼长。

诉衷情

朱敦儒

月中玉兔日中鸦。随我度年华。不管寒暄风雨，饱饭热煎茶。　　居士竹，故侯瓜。老生涯。自然天地，本分云山，到处为家。

转调满庭芳

李清照

芳草池塘，绿阴庭院，晚晴寒透窗纱。□□金锁，管是客来吵。寂寞尊前席上，惟□、海角天涯。能留否，酴醿落尽，犹赖有□□。　　当年，曾胜赏，生香熏袖，活火分茶。□□□龙骄马，流水轻车。不怕风狂雨骤，恰才称、煮酒残花。如今也，不成怀抱，得似旧时那。

鹧鸪天

李清照

寒日萧萧上锁窗。梧桐应恨夜来霜。酒阑更喜团茶苦，梦断偏宜瑞脑香。　　秋已尽，日犹长。仲宣怀远更凄凉。不如随分尊前醉，莫负东篱菊蕊黄。

小重山

李清照

春到长门春草青。江梅些子破，未开匀。碧云笼碾玉成尘。留晓梦，惊破一瓯春。　　花影压重门。疏帘铺淡月，好黄昏。二年三度负东君。归来也，著意过今春。

摊破浣溪沙

李清照

病起萧萧两鬓华。卧看残月上窗纱。豆蔻连梢煎熟水，莫分茶。　　枕上诗书闲处好，门前风景雨来佳。终日向人多酝藉，木犀花。

玉楼春

青镇僧舍作

陈与义

山人本合居岩岭。聊问支郎分半境。残年藜杖与纶巾，八尺庭中时弄影。　　呼儿汲水添茶鼎。甘胜吴山山下井。一瓯清露一炉云，偏觉平生今日永。

满江红

胡仔

泛宅浮家，何处好、苕溪清境。占云山万叠，烟波千顷。茶灶笔床浑不用，雪蓑月笛偏相称。争不教、二纪赋归来，甘幽屏。

红尘事，谁能省。青霞志，方高引。任家风舴艋，生涯苓箸。三尺鲈鱼真好脍，一瓢春酒宜闲饮。问此时、怀抱向谁论，惟箕颍。

浣溪沙

张元幹

棐几明窗乐未央。熏炉茗碗是家常。客来长揖对胡床。

蟹眼汤深轻泛乳，龙涎灰暖细烘香。为君行草写秋阳。

渔家傲

吕渭老

高绊袈裟挑纸帔。一杯茶罢成行计。路入庐山风细细。轻弹指。百千三昧俱游戏。　　法椅何曾烧两臂。谁知纸上无穷意。欲识普贤真实际。齁齁地。小炉雪夜和衣睡。

渔家傲

吕渭老

顶上铁轮飞火焰。防身细按威神剑。体用双行谁敢觇。光闪闪。何须更把茶林撼。　　衲子家风存古俭。一条榔栗如天堑。粥鼓未鸣灯火暗。无恩念。断崖古木横藤簟。

水调歌头

送季修同希文去秀

吕渭老

十年禅榻畔，风雨飏茶烟。跳丸日月，未甘白发困尧天。江左风流才子，要伴江湖张翰，同泛洛阳船。酌酒情无尽，海燕绕船竿。　　逼人来，功业事，不教闲。男儿三十，定当谈笑在堂间。

老子婆娑贫态，闭户长须赤脚，他日要分残。禹浪桃花影，归棹正轻安。

何山道人水调歌头二十首一韵，余和之，计前后凡八首。道人之语，如谢康乐诗，出水芙蓉，自然可爱，余诚不足以继其后。呜呼，道人死矣，仙耶人耶，皆不知。倏如其数，焚香烧以与之。魂如有灵，当凌云一笑。

南乡子

寄和藩教授元宾喜晴

王之道

天际彩虹垂。风起痴云快一吹。原隰畇畇，春水更弥弥。布谷期从野鸟知。　　初霁卷帘时。巷陌泥融燕子飞。午醉醒来，红日欲平西。一碗新茶乳面肥。

醉落魄

辛未九月望和答庆符

胡铨

百年强半。高秋犹在天南畔。幽怀已被黄花乱。更恨银蟾，故向愁人满。　　招呼诗酒颠狂伴。羽觞到手判无算。浩歌箕踞巾聊岸。酒欲醒时，兴在卢仝碗。

临江仙

史浩

忆昔来时双髻小，如今云鬓堆鸦。绿窗冉冉度年华。秋波娇殢酒，春笋惯分茶。　　居士近来心绪懒，不堪老眼看花。画堂明月隔天涯。春风吹柳絮，知是落谁家。

南歌子

倪偁

露下衣微湿，杯深意甚欢。西风吹暑十分阑。月满中秋、仍共故人看。　　酒好鹅黄嫩，茶珍小凤盘。醉吟不觉曙钟残。犹记归来扑面、井花寒。

瑞鹤仙

寿秦伯和侍郎

朱耆寿

樱桃抄乳酪。正雨厌肥梅，风忺吹箨。咸瞻格天阁。见十眉环侍，争鸣弦索。茶瓯试瀹。更良夜、沉沉细酌。问间生、此日为谁，曾向玉皇、案前持橐。　　龟鹤。从他祝寿，未比当年，阴功堪托。天应不错。教公议，细评泊。自和戎以来，谋国多少，萧曹卫霍。奈胡儿自若，惟守绍兴旧约。

临江仙

和洪景卢送行韵

赵彦端

忆著旧山归去乐，松筠岁晚参天。老来慵似柳三眠。从教官府冷，甘作地行仙。　　青琐紫微追昨梦，扁舟已具犹怜。有情如酒月如川。为君忘饮病，更拟索茶煎。

醉蓬莱

送汤

王千秋

正歌尘惊夜，斗乳回甘，暂醒还醉。再煮银瓶，试长松风味。玉手磨香，镂金檀舞，在寿星光里。翠袖微揎，冰瓷对捧，神仙标致。　　记得拈时，吉祥曾许，一饮须教，百年千岁。况有阴功在，遍江东桃李。紫府春长，凤池天近，看提携云耳。积善堂前，年年笑语，玉簪珠履。

喜迁莺

王千秋

玉龙垂尾。望阙角岧峣，如侵云里。明璧榱题，白银阶陛，平日世间无是。静久声鸣槛竹，夜半色侵窗纸。最奇处，尽巧妆枝上，低飞檐底。　　当为。呼游骑。嗾犬擎苍，腰箭随邻里。藉草烹鲜，枯枝煎茗，点化玉花为水。未挹瑶台风露，且借琼林栖倚。眩银海，待斜披鹤氅，骑鲸寻李。

眼儿媚

中秋无月作

李流谦

素娥作意失幽期。我自不凭伊。举杯重叹，帖云微笑，应道人痴。　　如今老去无情绪，只有睡相宜。建溪一啜，木樨数蒴，酒醒归时。

好事近

同日即事

程大昌

岁岁做生朝，只是儿孙捧酒。今岁丝纶茶药，有使人双授。圣君作事与天通，道有便真有。老去不能宣力，只民编分寿。

定风波

曹冠

万个琅玕筛日影，两堤杨柳蘸涟漪。鸣鸟一声林愈静。吟兴。未曾移步已成诗。　　旋汲清湘烹建茗，时寻野果劝金卮。况有良朋谈妙理。适意。此欢莫遣俗人知。

使牛子

曹冠

晚天雨霁横雌霓。帘卷一轩月色。纹簟坐苔茵，乘兴高歌饮琼液。　　翠瓜冷浸冰壶碧。茶罢风生两腋。四座沸欢声，喜我投壶全中的。

兰陵王

和吴宣卿

葛郯

乱烟簇。帘外青山渐肃。莲房静。荷盖半残，欲放清涟媚溪绿。凭高送远目。飞起沧洲雁鹜。寒窗静，茶碗未深，一枕胡床昼眠足。　　闲行问松菊。今□雨谁家，空对银烛。箫声忽下瑶台曲。看鹤舞风动，乌啼云起，何须舟内怨女哭。抱琴写幽独。

情触。会相续。况节近中元，月浪翻屋。长鲸愁晓寒蟾促。要百柁倾□，万花流玉。山肴倒尽，又空腹，鲙野蔌。

好事近

赠王清叔

姚述尧

水阁弄清风，黯黯满园肥绿。茶罢竹间携手，有佳人如玉。

渊明三径已催归，名利几时足。遥想五云多处，奏南风一曲。

浣溪沙

寿程将

管鉴

小小梅花巧耐寒。曛曛晴日醉醒间。茶瓯金缕鹧鸪斑。

三寿作朋须共醉，一杯留客未应悭。酒肠如海寿如山。

蓦山溪

效樵歌体

吴儆

清晨早起，小阁遥山翠。颓面整冠巾，问寝罢、安排菽水。随家丰俭，不羡五侯鲭，软煮肉，熟炊粳，适意为甘旨。　　中庭散步，一盏云涛细。迤逦竹洲中，坐息与、行歌随意。逡巡酒熟，呼唤社中人，花下石，水边亭，醉便颓然睡。

沁园春

陆游

孤鹤归飞，再过辽天，换尽旧人。念累累枯冢，茫茫梦境，王侯蝼蚁，毕竟成尘。载酒园林，寻花巷陌，当日何曾轻负春。流年改，叹围腰带剩，点鬓霜新。　　交亲。散落如云。又岂料如今馀此身。幸眼明身健，茶甘饭软，非惟我老，更有人贫。躲尽危机，消残壮志，短艇湖中闲采莼。吾何恨，有渔翁共醉，谿友为邻。

乌夜啼

陆游

檐角楠阴转日，楼前荔子吹花。鹧鸪声里霜天晚，叠鼓已催衙。　　乡梦时来枕上，京书不到天涯。邦人讼少文移省，闲院自煎茶。

乌夜啼

陆游

从宦元知漫浪，还家更觉清真。兰亭道上多修竹，随处岸纶巾。　　泉冽偏宜雪茗，粳香雅称丝莼。翛然一饱西窗下，天地有闲人。

苏武慢

唐安西湖

陆游

淡霭空濛，轻阴清润，绮陌细尘初静。平桥系马，画阁移舟，湖水倒空如镜。掠岸飞花，傍檐新燕，都似学人无定。叹连年戎帐，经春边垒，暗凋颜鬓。　　空记忆、杜曲池台，新丰歌管，怎得故人音信。羁怀易感，老伴无多，谈麈久闲犀柄。惟有翛然，笔床茶灶，自适笋舆烟艇。待绿荷遮岸，红蕖浮水，更乘幽兴。

洞庭春色

陆游

壮岁文章，暮年勋业，自昔误人。算英雄成败，轩裳得失，难如人意，空丧天真。请看邯郸当日梦，待炊罢黄粱徐欠伸。方知道，许多时富贵，何处关身。　　人间定无可意，怎换得、玉鲙丝莼。且钓竿渔艇，笔床茶灶，闲听荷雨，一洗衣尘。洛水秦关千古后，尚棘暗铜驼空怆神。何须更，慕封侯定远，图像麒麟。

渔家傲

寄仲高

陆游

东望山阴何处是。往来一万三千里。写得家书空满纸。流清泪。书回已是明年事。　　寄语红桥桥下水。扁舟何日寻兄弟。行遍天涯真老矣。愁无寐。鬓丝几缕茶烟里。

南柯子

和洪丞相约赏荷花

赵磻老

世上渊明酒，人间陆羽茶。东山无妓有莲花。隐隐仙家鸡犬、路非赊。　　积霭犹张幕，轻雷似卷车。要令长袖舞胡靴。须是檐头新霁、鹊查查。

减字木兰花

好恶

沈瀛

瞻乌爰止。不是檐前闻鹊喜。上下鸣风。以类相从自感通。　　嫌茶爱酒。恶彼芝焚夸柏寿。说汝言何。一切人言口众多。

减字木兰花

七劝

沈瀛

酒巡未止。且听七言馀韵喜。弹到悲风。醒酒风吹路必通。　　休休避酒。末后茶仙来献寿。七碗休何。不独茶多酒亦多。

减字木兰花

十劝

沈瀛

十巡今止。乐事要须防极喜。烛影摇风。月落参横影子通。　　粗茶淡酒。五十狂歌供宴寿。敬谢来何。再得寻盟后日多。

野庵曲

沈瀛

野叟最昏迷。叹世间、光阴奔走如驰。逢这闲时。忽寻忖、一生里事都非。从头到尾。都改了、重立根基。枕上披衣。浑无寐。时时摩挲行气。

才睡起。避户扉。爇一炷清香，烟气霏霏。膜拜更归依。冥心坐、看经念佛行持。消除秽恶，光洒洒、禅律威仪。佛力慈悲。愿今世。永没冤债相随。

食将惭愧。才饭了、一枕茶香美。迟迟日长，觅伴相对围棋。安排势子。相望相窥。闭心机。输赢成败，却似人居世。跳脱去、唤方帽杖黎。为伴侣、小桥那面一庵儿。登高望远输情思。叹物荣物枯，节换时移。

春到园中，见寒梅同春雪乱飞。冷艳冰肌。须臾李杏开遍，一日芳菲。和风骀荡，两岸细柳捻金丝。清明时候，景物尤韶媚。春事退。叹万红狼籍飞满堤。水平池。风到卷涟漪。荷花一望如霞绮。对好些景物，敌去炎威。

秋景凄凄。长空明月正扬辉。蒹葭岸、浮云侧畔坐钓矶。正桂花香喷鼻。黄花满眼，风劲霜坠。做寒来天气。秋光老、草木一齐似洗。独修篁径，青松路，残岁方知。

日将斜，园里缓行归。听流水。明窗净几。调数徽。到妙处、古曲幽闲韵渐稀。徐徐弹了融心意。忽然惊起。外时闻车履。故人来相对。

瓮浮蚁。草草杯盘灯正辉。漏声迟。浮斝飞觞，言渐嘻嘻。轩渠一笑，高歌野庵新唱、劝些儿。人听村歌，一霎时、好娱戏。休笑颠狂，也是大奇。能赶气闷忧悲。自然沉醉。

客都去后，睡齁齁地。一枕华胥惊又起。晓鸡啼。重起着衣。心火烧脐。龙行虎驰。依前啰啰哩哩。

从头到尾今如此。若唱此曲没休时。保取长年到期颐。

武陵春

杨万里

序：老夫茗饮小过，遂得气疾，终夕越吟，而长孺子有书至，答以武陵春，因呈子西。

长铗归乎逾十暑，不著鵔鸃冠。道是今年胜去年。特地减清欢。　　旧赐龙团新作祟，频啜得中寒。瘦骨如柴痛又酸。儿信问平安。

行香子

沈端节

烟淡回塘。月浸疏篁。一枝□、压尽群芳。翛然风度，玉质金章。有许多情，许多韵，许多香。　　中酒情怀，琢句心肠。倚屏山、子细端相。冰芽初试，柑子新尝。更绮窗前，冰壶畔，看匀妆。

洞仙歌

沈端节

夜来惊怪，冷逼流苏帐。梦破初闻打窗响。向晓开帘，凌乱千里寒光，清兴发，鹤氅谁同纵赏。　　江南春意动，梅竹潜通，醉帽冲风自来往。慨念故人疏，便理扁舟，须信道、吾曹清旷。待石鼎煎茶洗馀醺，更依旧归来，浅斟低唱。

浣溪沙

瑞香

张孝祥

腊后春前别一般。梅花枯淡水仙寒。翠云裘著紫霞冠。

仙品只今推第一，清香元不是人间。为君更试小龙团。

柳梢青

汤

李处全

馀甘齿颊。酒□半酣，漏声频促。月下传呼，风前掺别，无因留客。　　丁宁玉笋磨香，为料理、十分醒著。后会何时，前欢未尽，明朝重约。

朝中措

夜坐有感

李处全

晦庵四至似天宽。生计有心田。闲弄炉熏茗碗，困寻纸帐蒲团。　　商山橘隐，须弥芥纳，容与湖天。谁笑先生贫窭，东篱无数金钱。

蝶恋花

丘崈

序：西堂竹阁，日气温然，戏作。

逼砌�窗围小院。日照花枝，疏影重重见。金鸭无风香自暖。腊寒才比春寒浅。　　昼景温温烘笔砚。闲把安西，六纸都临遍。茗碗不禁幽梦远。鹊来唤起斜阳晚。

满庭芳

赵长卿

序：十月念六日大雪，作此呈社人。

晚色沉沉，雨声寂寞，夜寒初冻云头。晓来阶砌，一捻冷光浮。目断江天霭霭，低迷映、绿竹修修。多才客，高吟柳絮，还更上层楼。　　烹茶，新试水，人间清楚，物外遨游。胜似他、销金暖帐情柔。细看流风迴舞，终日价、浅酌轻讴。醺醺地，美人翻曲，消尽古今愁。

好事近

赵长卿

齿颊带馀香，謦咳总成珠玉。剪碎袖罗花片，点金觥春绿。

玉鱼花露自清凉，涓涓在郎腹。犹胜望梅消渴，对文君眉蹙。

水调歌头

傅大询

草草三间屋，爱竹旋添栽。碧沙窗户，眼前都是翠云堆。一月山翁高卧，踏雪水村清冷，木落远山开。唯有平安竹，留得伴寒梅。　　唤家童，开门看，有谁来。客来一笑，清话煮茗更传杯。有酒只愁无客，有客又愁无酒，酒熟且徘徊。明日人间事，天自有安排。

蓦山溪

巢安寮毕工

王炎

莺啼花谢，断送春归去。雨后听鹃声，恰似诉、留春不住。韶光易迈，暗被老相催，无个事，没些愁，方是安身处。　　栽松种菊，相对为宾主。终日掩柴扉，但只有、清风时度。不忺把酒，又不喜观书，饥时饭，饱时茶，困即齁齁睡。

六么令

辛弃疾

序:用陆氏事,送玉山令陆德隆。

酒群花队,攀得短辕折。谁怜故山归梦,千里莼羹滑。便整松江一棹,点检能言鸭。故人欢接。醉怀双橘,堕地金圆醒时觉。长喜刘郎马上,肯听诗书说。谁对叔子风流,直把曹刘压。更看君侯事业,不负平生学。离觞愁怯。送君归后,细写茶经煮香雪。

定风波

暮春漫兴

辛弃疾

少日春怀似酒浓。插花走马醉千钟。老去逢春如病酒。唯有。茶瓯香篆小帘栊。　　卷尽残花风未定。休恨。花开元自要春风。试问春归谁得见。飞燕。来时相遇夕阳中。

满江红

再用前韵

辛弃疾

照影溪梅,怅绝代、幽人独立。更小驻、雍容千骑,羽觞飞急。琴里新声风响珮,笔端醉墨鸦栖壁。是使君、文度旧知名,方相识。　　清可漱,泉长滴。高欲卧,云还湿。快晚风吹赠,满怀空碧。宝马嘶归红旆动,团龙试碾铜瓶泣。怕他年、重到路应迷,桃源客。

满江红

和廓之雪

辛弃疾

天上飞琼，毕竟向、人间情薄。还又跨、玉龙归去，万花摇落。云破林梢添远岫，月临屋角分层阁。记少年、骏马走韩卢，掀东郭。　　吟冻雁，嘲饥鹊。人已老，欢犹昨。对琼瑶满地，与君酬酢。最爱霏霏迷远近，却收扰扰还寥廓。待羔儿、酒罢又烹茶，扬州鹤。

水龙吟

辛弃疾

序：用些语再题瓢泉，歌以饮客，声韵甚谐，客为之釂。

听兮清佩琼瑶些。明兮镜秋毫些。君无去此，流昏涨腻，生蓬蒿些。虎豹甘人，渴而饮汝，宁猿猱些。大而流江海，覆舟如芥，君无助、狂涛些。　　路险兮、山高些。愧余独处无聊些。冬槽春盎，归来为我，制松醪些。其外芳芬，团龙片凤，煮云膏些。古人兮既往，嗟余之乐，乐箪瓢些。

汉宫春

即事

辛弃疾

行李溪头，有钓车茶具，曲几团蒲。儿童认得，前度过者篮舆。时时照影，甚此身、遍满江湖。怅野老，行歌不住，定堪与语难呼。　　一自东篱摇落，问渊明岁晚，心赏何如。梅花正自不恶，曾有诗无。知翁止酒，待重教、莲社人沽。空怅望，风流已矣，江山特地愁予。

鹧鸪天

辛弃疾

自古高人最可嗟。只因疏懒取名多。居山一似庚桑楚，种树真成郭橐驼。　　云子饭，水晶瓜。林间携客更烹茶。君归休矣吾忙甚，要看蜂儿趁晚衙。

上西平

会稽秋风亭观雪

辛弃疾

九衢中，杯逐马，带随车。问谁解、爱惜琼华。何如竹外，静听窣窣蟹行沙。自怜是，海山头，种玉人家。　　纷如鬥，娇如舞，才整整，又斜斜。要图画，还我渔蓑。冻吟应笑，羔儿无分谩煎茶。起来极目，向弥茫、数尽归鸦。

减字木兰花

宿僧房有作

辛弃疾

僧窗夜雨。茶鼎熏炉宜小住。却恨春风。勾引诗来恼杀翁。

狂歌未可，且把一尊料理我。我到之何。我到之何。却听侬家陌上歌。

杏花天

辛弃疾

牡丹昨夜方开遍。毕竟是、今年春晚。荼蘼付与熏风管。燕子忙时莺懒。　　多病起、日长人倦。不待得、酒阑歌散。副能得见茶瓯面。却早安排肠断。

好事近

春日郊游

辛弃疾

春动酒旗风，野店芳醪留客。系马水边幽寺，有梨花如雪。
山僧欲看醉魂醒，茗碗泛香白。微记碧苔归路，袅一鞭春色。

柳梢青

用万元亨送冠之韵

赵善括

愁别欣逢。人间离合，自古难同。写就茶经，注成花谱，何事西东。　　一尊良夜匆匆。怎忍见、轻帆短篷。汉水无情，楚云有意，目断飞鸿。

朝中措

陈三聘

求田何处是生涯。双鬓已先华。随分夏凉冬暖，赏心秋月春花。　　吾年如此，愁来问酒，困后呼茶。结社竹林诗老，卜邻江上渔家。

朝中措

马子严

龙荪晚颖破苔纹。英气欲凌云。深处未须留客，春风自掩柴门。　　蒲团宴坐，轻敲茶臼，细扑炉熏。弹到琴心三叠，鹧鸪啼傍黄昏。

沁园春

赵师侠

羊角飘尘，金乌烁石，雨凉念秋。有虚堂临水，披襟散发，纱幮雾卷，湘潭波浮。远列云峰，近参荷气，卧看文书琴枕头。蝉声寂，向庄周梦里，栩栩无谋。　　茶瓯。醒困堪求。粗饱饭安居可以休。算翛闲静胜，吾能自乐，荣华纷扰，人谩多愁。习懒非痴，觉迷是病，一力那能胜九牛。俱休问，且追寻觞咏，知友从游。

促拍满路花

信丰黄师尹跳珠亭

赵师侠

栽花春烂漫，叠石翠巑岏。小亭相对倚，数峰寒。主人寻胜，接竹引清泉。凿破苍苔地，一掬泓澄，六花疑是深渊。　　向闲中、百虑翛然。情事寄鸣弦。炉香陪茗碗，可望言。喷珠溅雪，历历听潺湲。尘世知何计，不老朱颜，静看日月跳丸。

蝶恋花

用宜笑之语作

赵师侠

解语花枝娇朵朵。不为伤春,爱把眉峰锁。宜笑精神偏一个。微涡媚靥樱桃破。　先自腰肢常袅娜。更被新来,酒饮频过火。茶饭不忺犹自可。脸儿瘦得些娘大。

浣溪沙

鉴止宴坐

赵师侠

雪絮飘池点绿漪。舞风游漾燕交飞。阴阴庭院日迟迟。

一缕水沉香散后,半瓯新茗味回时。翛闲万事总忘机。

浣溪沙

卢炳

水阁无尘午昼长。薰风十里藕花香。一番疏雨酿微凉。

旋点新茶消睡思,不将醽醁恼诗肠。阑干倚遍挹湖光。

念奴娇

卢炳

碧池如染,把玻璃甃就,纤埃都绝。西国夫人空里坠,圆盖亭亭排列。莹质无瑕,尘心不染,远社堪重结。当时盛事,虎溪茗碗翻雪。　千载此意谁论,人争买笑,醉眼看罗袜。坐上如今皆我辈,素蕴从来蠲洁。击节临风,停杯对月。浩气俱英发。两翁仙举,玉堂正在金阙。

柳梢青

乙丑自寿

郭应祥

遁斋居士。今年今日，又添一岁。鬓雪心灰，十分老懒，十分憔悴。　　休言富贵长年，那个是、生涯活计。茗饮一瓯，纹楸一局，沉烟一穗。

菩萨蛮

韩淲

序：赵昌甫折黄岩梅来，且寄菩萨蛮，次韵赋之。

陇头无驿奚为朵。岩前有折宜来堕。风急雪云溪。诗清满意携。　　竹炉良夜饮。饮竟煎僧茗。梅以句深长。得花情未忘。

浣溪沙

过卢申之

韩淲

梅叶阴阴占晚春。博山香尽玉嶙峋。茶瓯酒碗试濡唇。

闲里常愁无伴侣，老来不是有情人。牡丹天气惜芳辰。

浣溪沙

次韵伊一

韩淲

水绕孤村客路赊。一楼风雨角巾斜。举觞无复问煎茶。

夜静曲声初喷竹，酒深烛影细吹花。明朝飞鹭起圆沙。

浣溪沙

橄榄

吴礼之

南国风流是故乡。红盐落子不因霜。于中小底最珍藏。荐酒荐茶些子涩，透心透顶十分香。可人回味越思量。

沁园春

次韵李明府劝农

汪晫

民吾同胞，剖破藩篱，元是大家。故见之诰诏，视如子弟，谆勤恳切，悃愊无华。孝悌力田，职当劝相，起早非干为看花。亲酌酒，老农唯诺，句句仁芽。　　晓来犹觉寒些。看雨湿风吹旗□斜。笑吾生八十，尽谙农事，公筵既彻，更共烹茶。高唱豳风，敬酬令尹，王道桑麻乐有涯。春务急，见溪头杨柳，已可藏鸦。

沁园春

寿李通判

程珌

那用招秋，休言推暑，风自薰兮。问谁解当初，识公来处，月明碧落，旆卷青霓。千丈长松，起人生意，冻芋寒瓜空满畦。还堪怪，怪诸公衮衮，我尚凭泥。　　须教一举崔嵬。算人世、功名各有梯。更何须炼鼎，玄霜绛雪，只烦煮茗，水饼冰虀。紫府多仙，招来满座，公自长生角亢齐。何曾也，有玉麟行地，老凤梧栖。

张茶马□□生日六月十八日(水调歌头)

魏了翁

轻露湓残暑,蟾影插高寒。团团只似前夕,持向老莱看。九帙元开父算,六甲更逢儿换,梧竹拥檀栾。都把方寸地,散作万云烟。　　锦边城,云间戍,雪中山。风流老监在此,忧顾赖渠宽。天上玉颜合笑,堂上酡颜如酒,家国两平安。又恐玉川子,茗椀送飞翰。

赵茶马师

生日(贺新郎)

魏了翁

汉使来何许。到如今、天边又是,薰弦三度。见说山深人睡稳,细雨自催茶户。向滴博、云间看取。料得权奇空却后,指浮云、万里追风去。跨燕越,抹秦楚。　　不妨且为斯人驻。正年来、忧端未歇,壮怀谁吐。顷刻阴晴千万态,怎解绸缪未雨。算此事、谁宽西顾。待洗岷峨凄怆气,为八荒、更著深长虑。间两社,辅明主。

画堂春

卢祖皋

柳黄移上袂罗单。酒醒娇弹风鬟。茗瓯才试鹧鸪斑。沉炷熏残。　　夜雨可无归梦,晓风何处征鞍。海棠开了尚凭阑。划地春寒。

木兰花慢

赋雪

卢祖皋

洒窗声未定，怪襟袖、峭寒欺。渐邑界空明，山河表里，玉幻琼移。天边占春最早，万花中、不遣一尘飞。清想吟鞭瘦倚，醉怜歌锦红围。　　谁知。未去心期。慵酒更慵诗。算可人惟有，光浮茗椀，香浸梅枝。长安又惊岁换，笑吹来、空点发成丝。一舸沧江浩渺，几回归梦参差。

贺新郎

卢祖皋

序：彭传师于吴江三高堂之前作钓雪亭，盖擅渔人之窟宅，以供诗境也。赵子野约余赋之。

挽住风前柳。问鸱夷、当日扁舟，近曾来否。月落潮生无限事，零乱茶烟未久。漫留得、莼鲈依旧。可是从来功名误，抚荒祠、谁继风流后。今古恨，一搔首。　　江涵雁影梅花瘦。四无尘、雪飞风起，夜窗如昼。万里乾坤清绝处，付与渔翁钓叟。又恰是、题诗时候。猛拍阑干呼鸥鹭，道他年、我亦垂纶手。飞过我，共尊酒。

括水调歌

林正大

听说竹楼好，佳地占黄冈。月波相接，俯临江濑挹山光。急雨檐喧瀑布，密雪瓴敲碎玉，幽阒兴尤长。琴调更虚畅，诗韵转清扬。　　公退暇，披鹤氅，戴华阳。手披周易，消磨世虑坐焚香。缥缈烟云竹树，迎送夕阳素月，胜概总难量。欲辨骚人事，瀹茗漱清觞。

括意难忘

林正大

汹汹松风。更浮云皓皓，轻度春空。精神新发越，宾主少从容。犀箸厌，涤昏懵。茗碗珂策奇功。待试与，平章甲乙，为问涪翁。　　建溪日铸争雄。笑罗山梅岭，不数严邛。胡桃添味永，甘菊助香浓。投美剂，与和同。雪满兔瓯溶。便一枕，庄周蝶梦，安乐窝中。

汉宫春

老人庆七十

洪咨夔

南极仙翁，占太微元盖，洞府为家。身骑若木倒景，手弄青霞。芙蓉飞旆，映一川、新绿平沙。好与问，东风结子，几回开遍桃花。　　况是初元玉历，更循环数起，希有年华。长把清明夜气，养就丹砂。麻姑送酒，安期生、遗枣如瓜。欢醉后，呼儿烹试，头纲小凤团茶。

夏初临

洪咨夔

铁瓮栽荷，铜彝种菊，胆瓶萱草榴花。庭户深沉，画图低映窗纱。数枝奇石谽谺。染宣和、瑞露明霞。於菟长啸，风林未鸣，霜草先斜。　　雪丝香里，冰粉光中，兴来进酒，睡起分茶。轻雷急雨，银篁迸插檐牙。凉入琵琶。枕帏开、又送蟾华。问生涯。山林朝市，取次人家。

鹊桥仙

自寿

李仲光

焚香清坐，呼童瀹茗，聊当一杯春酒。不须歌舞倩红裙，为祝百千长寿。　　诗书万卷，绮琴三弄，更有新词千首。从今日日与遨游，便是天长地久。

沁园春

生日自述

吴泳

鶗鴂鸣兮，卉木萋止，维暮之春。笑憨翁渐老，年加三豆，猷郎多事，诗记三星。六十有三，高吟勇退，只有尧夫范景仁。从今去，且亭前放鹤，溪上垂纶。　　交亲。散落如云。仅留得尊前康健身。有一编书传，一囊诗稿，一枰棋谱，一卷茶经。红杏尚书，碧桃学士，看了虚名都赚人。成何事，独青山有趣，白髮无情。

青玉案

送张伯修赴宣府

吴泳

玉骢已向关头路。待携取、功名去。慷慨不歌桃叶渡。囊书犹在，剑花未落，富有经纶处。　　从军缅想当年赋。纵局局翻新只如许。但恐归来秋色暮。薰炉茗碗，葵根瓠叶，落莫灯前雨。

水调歌头

和吴秀岩韵

程公许

驼褐倚禅榻，丝鬓飏茶烟。谁知老子方寸，历历著千年。试问汗青馀几，一笑腰黄萦梦，我自乐天全。出处两无累，赢取日高眠。　　八千里，西望眼，断霞边。弁苍苕碧，随分风月不论钱。执手还成轻别，何日归来投社，玉海得同编。经世付时杰，觅个钓鱼船。

八声甘州

为遁斋寿

黄机

问仙翁、底事到人间，人间足嬉游。向文边书意，诗边著语，□满南州。逸韵高情总似，野水荡孤舟。所未能忘者，药鼎茶瓯。　　政恐功名相恩，便扶摇直上，龙尾螭头。想尘缘终薄，归去老菟裘。有当年、东邻西舍，办鸡豚、相与燕春秋。阶庭里，儿孙衮衮，飞度骅骝。

眼儿媚

黄机

莫嗔日日话思归。归也却便宜。东邻招茗，西邻唤酒，一笑开眉。　　人生万事无缘足，待足是何时。妻能纺绩，儿能耕获，未必寒饥。

菩萨蛮

黄机

池落开遍莲房老。秋声已入梧桐表。葵扇与桃笙。尚宜相带行。　　危亭三百尺。爽气真堪挹。瀹茗且盘旋。翩翩吾欲仙。

如此江山

寓齐天乐

张辑

西风扬子江头路。扁舟雨晴呼渡。岸隔瓜洲，津横蒜石，摇尽波声千古。诗仙一去。但对峙金焦，断矶青树。欲下斜阳，长淮渺渺正愁予。　　中流笑与客语。把貂裘为浣，半生尘土。品水烹茶，看碑忆鹤，恍似旧曾游处。聊凭陆谞。问八极神游，肯重来否。如此江山，更苍烟白露。

沁园春

张辑

序：予顷游庐山，爱之，归结屋马蹄山中，以庐山书堂为扁。包日庵作记，见称庐山道人，盖援涪翁山谷例。黄叔豹谓予居鄱，不应舍近取远，为更东泽。黄鲁庵诗帖往来，于东泽下加以诗仙二字。近与冯可迁遇于京师，又能节文，号予东仙，自是诗盟遂以为定号。十年之间，习隐事业，略无可记，而江湖之号凡四迁。视人间朝除夕缴者，真可付一笑。对酒而为之歌曰。

东泽先生，谁说能诗，兴到偶然。但平生心事，落花啼鸟，多年盟好，白石清泉。家近宫亭，眼中庐阜，九叠屏开云锦边。出门去，且掀髯大笑，有钓鱼船。　　一丝风里婵娟。爱月在沧波上下天。更丛书观遍，笔床静昼，篷窗睡起，茶灶疏烟。黄鹤来迟，丹砂成未，何日风流葛稚川。人间世，听江湖诗友，号我东仙。

沁园春

葛长庚

乍雨还晴，似寒而暖，春事已深。是妇鸠乳燕，说教鱼跃，豪蜂醉蝶，撩得莺吟。斗茗分香，脱禅衣袂，回首清明上巳临。芳菲处，在梨花金屋，杨柳琼林。　　如今。诗酒心襟。对好景良辰似有妊。念恨如芳草，知他多少，梦和飞絮，何处追寻。病酒时光，困人天气，早有秋秧吐嫩针。兰亭路，渐流觞曲水，修禊山阴。

沁园春

赞吕公

葛长庚

渭水秋深，湓江春老，洞庭一湖。问城南古树，如今在否，洛中狂客，还更来无。独上君山，渺观岩石，八百里鲸波泛巨区。何曾错，有茶中上灶，酒里仙姑。　　终须。度了肩吾。稽首终南钟大夫。自太平寺里，题诗去后，东林沈宅，大醉归欤。天上筵多，人间到少，更不向庐山索鳜鱼。如何好，好借君黄鹤，上我清都。

沁园春

题湖头岭庵

葛长庚

客里家山，记踏来时，水曲山崖。被滩声喧枕，鸡声破晓，匆匆惊觉，依旧天涯。抖擞征衣，寒欺晓袂，回首银河西未斜。尘埃债，叹有如此发，空为伊华。　　古来客况堪嗟。尽贫也输他□在家。料驿舍旁边，月痕白处，暗香微度，应是梅花。拣折一枝，路逢南雁，和两字平安寄与他。教知道，有长亭短堠，五饭三茶。

永遇乐

葛长庚

懒散家风，清虚活计，与君说破。淡酒三杯，浓茶一碗，静处乾坤大。倚藤临水，步屧登山，白日只随缘过。自归来，曲肱隐几，但只恁和衣卧。　　柴扉草户，包巾纸袄，未必有人似我。我醉还歌，我歌且舞，一恁憨痴好。绿水青山，清风明月，自有人间仙岛。且偎随、补破遮寒，烧榾柮火。

贺新郎

雪

葛长庚

是雨还堪拾。道非花、又从帘外，受风吹入。扑落梅梢穿度竹，恐是鲛人诉泣。积至暮、萤光熠熠。色映万山迷远近，满空浮、似片应如粒。忘炼得，我双睫。　　吟肩耸处飞来急。故撩人、黏衣噀袖，嫩香堪浥。细听疑无伊复有，贪看一行一立。见僧舍、茶烟飘湿。天女不知维摩事，漫三千、世界缤纷集。是翦水、谁能及。

酹江月

春日

葛长庚

桃花开尽，正溪南溪北，春风春雨。寒食清明都过了，愁杀一声杜宇。醉跨蹇驴，踏翻芳草，满满斟鹦鹉。游仙梦觉，不知身在何处。　　因甚青鸟不来，一年春事，拈指都如许。人在白云流水外，多少莺啼燕语。遣兴成诗，烹茶解酒，日落蔷薇坞。玉龙嘶断，乱鸦惊起无数。

六州歌头

客赠牡丹

刘克庄

维摩病起，兀坐等枯株。清晨里，谁来问，是文殊。遣名姝。夺尽群花色，浴才出，酲初解，千万态，娇无力，困相扶。绝代佳人，不入金张室，却访吾庐。对茶铛禅榻，笑杀此翁臞。珠髻金壶。始消渠。　　忆承平日，繁华事，修成谱，写成图。奇绝甚，欧公记，蔡公书。古来无。一自京华隔，问姚魏、竟何如。多应是，彩云散，劫灰馀。野鹿衔将花去，休回首、河洛丘墟。漫伤春吊古，梦绕汉唐都。歌罢欷歔。

解连环

甲子生日

刘克庄

揆余初度。笑汝曹绯绿，乃翁苍素。一甲子，带水拖泥，今岁谢君恩，放还山去。政事堂中，把手版，分明抽付。向门前客道，老子山游，人不知处。　　小车万花引路。又谁能记得，观里千树。老冉冉，欢意阑珊，纵桃叶多情，难唤同渡。买只船儿，稳载取，笔床茶具。便芸瓜，一生一世，胜侯千户。

满江红

刘克庄

序：夜雨凉甚，忽动从戎之兴。

金甲雕戈，记当日、辕门初立。磨盾鼻、一挥千纸，龙蛇犹湿。铁马晓嘶营壁冷，楼船夜渡风涛急。有谁怜、猿臂故将军，无功级。　　平戎策，从军什。零落尽，慵收拾。把茶经香传，时时温习。生怕客谈榆塞事，且教儿诵花间集。叹臣之壮也不如人，今何及。

水龙吟

自和前二首

刘克庄

病翁一榻萧然，不知世有欢娱事。雀罗庭院，载醪客去，催租人至。报答秋光，要些酒量，要些诗思。奈长鲸罢吸，寒蛩息响，茶瓯外、惟贪睡。　　穷巷幸无干贽。或相过、莫知谁氏。柴门草户，阙人守舍，任伊题字。自和山歌，国风之变，离骚之裔。待从今向去，年年强健，插花高会。

浪淘沙

刘克庄

叠嶂碧周遮。游子思家。掩藏白髮赖乌纱。落日倚楼千万恨，社鼓城笳。　　老去淡生涯。虚掷年华。腊茶盂子太清些。待得痴儿公事毕，谢了梅花。

忆秦娥

暮春

刘克庄

游人绝。绿阴满野芳菲歇。芳菲歇。养蚕天气，采茶时节。　　枝头杜宇啼成血。陌头杨柳吹成雪。吹成雪。淡烟微雨，江南三月。

木兰花慢

次韵奉酬玉林病中见示

冯取洽

叹年光婉晚，蒲柳质、易惊秋。况念远怀人，停云幂幂，时雨飕飕。西风堕来雁信，似知予、竟日倚溪楼。报道归调汤剂，不知谁护衣篝。　　悠然富贵不须求。安乐万缘休。但饱饭煎茶，婆娑永日，也胜闲愁。寒花自便寂寞，怕纷纷、蝶引与蜂勾。莫问障从何起，祇凭心有天游。

蓦山溪

自述

宋自逊

壶山居士，未老心先懒。爱学道人家，办竹几、蒲团茗碗。青山可买，小结屋三间，开一径，俯清溪，修竹栽教满。　　客来便请，随分家常饭。若肯小留连，更薄酒、三杯两盏。吟诗度曲，风月任招呼，身外事，不关心，自有天公管。

沁园春

梅

吴渊

十月江南，一番春信，怕凭玉栏。正地连边塞，角声三弄，人思乡国，愁绪千般。草草村墟，疏疏篱落，犹记花间曾卓庵。茶瓯罢，问几回吟绕，冷淡相看。　堪怜。影落溪南。又月午无人更漏三。虽虚林幽壑，数枝偏瘦，已存鼎鼐，一点微酸。松竹交盟，雪霜心事，断是平生不肯寒。林逋在，倩诗人此去，为语湖山。

沁园春

官满作

雷应春

问讯故园，今如之何，还胜昔无。想旧耘兰蕙，依然葱茜，新栽杨柳，亦已扶疏。韭本千畦，芋根一亩，雨老烟荒谁为鉏。难忘者，是竹吾爱甚，梅汝知乎。　茅亭低压平湖。有狎鹭驯鸥尚可呼。把绛纱准拟，新官到也，寒毡收拾，贱子归欤。略整柴门，更芟草径，惟有幽人解枉车。丁宁著，与做添棋局，砌换茶罏。

八声甘州

过松江

冯去非

买扁舟、载月过长桥，回首梦耶非。问往日三高，清风万古，继者伊谁。惟有茶烟轻飏，零露湿莼丝。西子知何处，鸿怨蛩悲。　遥想家山好在，正倚天青壁，石瘦云肥。甚抛奇辫秀，猿鹤互猜疑。归去好、散人相国，迥升沉、毕竟总尘泥。须还我，松间旧隐，竹上新诗。

满江红

和吕居仁侍郎东里先生韵

吴潜

拟卜三椽，问何处、水回山曲。朝暮景、清风当户，白云藏屋。更得四时瓶贮酒，未输一品腰围玉。待千章、手种未成阴，周遮绿。　且休嬭，陶令菊。也休羡，子猷竹。算百年一梦，谁荣谁辱。唤客烹茶闲话了，呼童取枕佳眠足。但晨香、一炷愿天公，时丰熟。

踏莎行

吴潜

红药将残，绿荷初展。森森竹里闲庭院。一炉香烬一瓯茶，隔墙听得黄鹂啭。　陌上春归，水边人远。尽将前事思量遍。流光冉冉为谁忙，小桥伫立斜阳晚。

疏影

吴潜

千门委玉。是个人富贵，才隔今宿。冒栋摧檐，都未商量，呼童且伴庭竹。千蹊万径行踪灭，渺不认、溪南溪北。问白鸥，此际谁来，短艇钓鱼翁独。　偏爱山茶雪里，放红艳数朵，衣素裳绿。兽炭金炉，羔酒金钟，正好笙歌华屋。敲冰煮茗风流衬，念不到、有人洄曲。但老农、欢笑相呼，麦被喜添全幅。

望江南

吴潜

家山好，好是夏初时。习习熏风回竹院，疏疏细雨洒荷漪。万绿结成帷。　　呼社友，长日共追随。瀹茗空时还酌酒，投壶罢了却围棋。多少得便宜。

瑞鹤仙

用陆淞韵

黄中

睡馀抛倦枕。忆篆鼎香销，起来慵整。晴光破清冷。正柳黄梅淡，染金匀粉。茶瓯隽永。试经行、桐花旧井。记前回、未绿鸥波，近日燕芹青尽。　　因省。春风如旧，人面何归，对时伤景。楼高望回。潮有信，雁无准。任相如多病，沈郎全瘦，都没音尘寄问。便做无、阿鹊频频，可能睡稳。

满江红

李曾伯

序：八窗叔和，再用韵。

竹马同游，平生志、相期霄壑。今老矣，儒冠宁误，戎装徒著。卷起鲸鲵江海事，放教禽鸟山林乐。问尚堪、舞剑渡河无，公应莫。　　粟可饭，衣从恶。秫可酒，茶胜薄。但此身长健，老天不错。竹院昼闲参内景，蒲团夜坐披圆觉。愿此生、无愧北山猿，西湖鹤。

贺新凉

李曾伯

序：巧夕雨，不饮，啜茶而散。

可恨经年别。正安排、剖瓜植竹，拟酬佳节。应为犁锄机杼懒，天遣阿香磨折。翻一饷、廉纤凄切。寂寞金针红线女，枉玉箫、吹断秦楼月。清漏静，楚天阔。　东皋且愿三农悦。任从渠、鹊桥蛛网，一番虚设。挽取天河聊为我，尽洗西风残热。休懊恼、云生巫峡。底用乞灵求太巧，看世人、弄巧多成拙。姑止酒，命茶啜。

沁园春

送乔宾王

李曾伯

二十年前，黄州竹楼，共酬好春。记淮堧江表，群贤毕集，清明上巳，二美相并。一枕黄粱，满头白髮，屈指旧游能几人。堪嗟处，怅光阴易老，犹困西尘。　今朝又值良辰。空想像、长安天气新。问兰亭癸丑，雪堂壬戌，倏成畴昔，将似来今。觞泛流泉，茗烹新火，领略韶华聊啸吟。鹦洲去，有故人相问，为语归音。

望江南

乙未生日

方岳

序：时赴官淮东，以是日次南徐，泊舟普照寺下，侍亲具汤饼。寺中门有扁曰寿丘山，亲意欣然，盖以丘山为岳字云。

梅欲老，撑月过南徐。家口纵多难减鹤，路程不远易携书。只是废春锄。　　霜满袖，茶灶借僧庐。湖海甚豪今倦矣，丘山虽寿竟何如。一笑荐冰蔬。

西江月

方岳

蔬甲初肥雨润，茶枪小摘春明。野篱是处可诗情。打过下湖船并。　　捷报秋来旁午，贤关早晚同寅。绿杨连骑带春城。不问南山远近。

酹江月

万花园用朱行父韵呈制帅赵端明

方岳

花风初逗，喜边亭依旧，春闲营柳。烟草隋宫歌舞地，谁遣万红围绣。结酒因缘，装春富贵，也要经纶手。笙箫声里，一江晴绿吹绉。　　是处羽箭如飞，那知鹤府，花压阑干昼。油幕文书谈笑了，馀事尽堪茶酒。报答东风，流连西日，绿外沉吟久。与春无负，醉归香满襟袖。

莺啼序

徐宝之

荼蘼一番过雨，洒残花似雪。向清晓、步入东风，细拾苔砌馀靥。有数片、飞沾翠柳，萦回半著双归蝶。悄无人、共立幽禽，呢呢能说。　　因念年华，最苦易失，对春愁暗结。叹自古、曾有佳人，长门深闭修洁。寄么弦、千言万语，闷满眼、欲弹难彻。靠珠栊，风雨微收，落花时节。　　春工渐老，绿草连天，别浦共一色。但暮霭、朝烟无际，尽日目极江北江南，杜鹃叫裂。此时此意，危魂黯黯，渭城客舍青青树，问何人、把酒来看别。思量怎向，迟回独掩青扉，夕阳犹照南陌。　　春应记得，旧日疏狂，等受今磨折。便永谢、五湖烟艇，只有吟诗，曲坞煎茶，小窗眠月。春还自省，把融和事，长留芳昼人间世，与羁臣、恨妾销离恻。自题蕙叶回春，坐听蓬壶，漏声细咽。

水调歌

湘阴簿新居

徐宝之

了却意中事，卜筑快幽情。雨帘云栋深窈，歌笑霭春生。青嶂碧溪门户，暖翠浮岚衿席，前日展湘屏。种竹看霜节，栽菊待秋英。　　九世图，闲居赋，丽人行。名碑古画，贴遍东阁与西亭。庭下森兰洁玉，天外骧龙舞凤，心迹喜双清。频瀹炊茶鼎，听我扣门声。

城头月

赠梁弥仙

马天骥

城头月色明如昼。总是青霞有。酒醉茶醒，饥餐困睡，不把双眉皱。　　坎离龙虎勤交媾。炼得丹将就。借问罗浮鹤侣，还似先生否。

甘州

寿贾师宪

陆叡

满清平世界庆秋成,看看斗三钱。论从来活国,论功第一,无过丰年。办得闲民一饱,馀事笑谈间。若问平戎策,微妙难传。玉帝要留公住,把西湖一曲,分入林园。有茶炉丹灶,更有钓鱼船。觉秋风、未曾吹著,但砌兰、长倚北堂萱。千千岁,上天将相,平地神仙。

浣溪沙

许棐

欲把香缯暖缬裁。玉箱金锁又慵开。一杯茶罢上春台。

方向柳边揉碧缕,又从花畔并红腮。不知凝待阿谁来。

满江红

李昂英

序:江西持宪节、登高作。

薄冷催霜,碧空豁、飞鸿斜度。□九日、御风绝顶,下看尘宇。滕阁芳筵笺笔妙,龙山胜践旌旗驻。料山灵、也要可人游,成佳趣。　　吹帽堕,羞千古。题饧字,非吾侣。却坐间著得,煮茶桑苎。万里寒云迷北斗,望远峰夕照频西顾。且满浮、大白送黄花,剑休舞。

浣溪沙

李昂英

笋玉纤纤拍扇纨。戏拈荷叶起文鸳。水亭初试小龙团。

拜月深深频祝愿，花枝低压髻云偏。倩人解梦语喧喧。

水龙吟

用见山韵饯别

吴文英

夜分溪馆渔灯，巷声乍寂西风定。河桥径远，玉箫吹断，霜丝舞影。薄絮秋云，澹蛾山色，宦情归兴。怕烟江渡后，桃花又泛，宫沟上、春流紧。　　新句欲题还省。透香煤、重牒误隐。西园已负，林亭移酒，松泉荐茗。携手同归处，玉奴唤、绿窗春近。想骄骢、又踏西湖，二十四番花信。

扫花游

赠芸隐

吴文英

草生梦碧，正燕子帘帏，影迟春午。倦茶荐乳。看风签乱叶，老沙昏雨。古简蟫篇，种得云根疗蠹。最清楚。带明月自锄，花外幽圃。　　醒眼看醉舞。到应事无心，与闲同趣。小山有语。恨逋仙占却，暗香吟赋。暖通书床，带草春摇翠露。未归去。正长安、软红如雾。

瑞龙吟

吴文英

序：黄钟商，俗名大石调，犯正平调 蓬莱阁。

堕虹际。层观翠冷玲珑，五云飞起。玉虬萦结城根，澹烟半野，斜阳半市。　瞰危睇。门巷去来车马，梦游宫蚁。秦鬟古色凝愁，镜中暗换，明眸皓齿。　东海青桑生处，劲风吹浅，瀛洲清泚。山影泛出琼壶，碧树人世。枪芽焙绿，曾试云根味。岩流溅、涎香惯搅，娇龙春睡。露草啼清泪。酒香断到，文丘废隧。今古秋声里。情漫黯、寒鸦孤村流水。半空画角，落梅花地。

无闷

催雪

吴文英

霓节飞琼，鸾驾弄玉，杳隔平云弱水。倩皓鹤传书，卫姨呼起。莫待粉河凝晓，趁夜月、瑶笙飞环佩。正蹇驴吟影，茶烟灶冷，酒亭门闭。　歌丽。泛碧蚁。放绣帘半钩，宝台临砌。要须借东君，灞陵春意。晓梦先迷楚蝶，早风戾、重寒侵罗被。还怕掩、深院梨花，又作故人清泪。

恋绣衾

吴文英

频摩书眼怯细文。小窗阴、天气似昏。兽炉暖、慵添困，带茶烟、微润宝薰。　少年娇马西风冷，旧春衫、犹涴酒痕。梦不到、梨花路，断长桥、无限暮云。

满江红

潘牥

筑室依崖，春风送、一帘山色。沙岛外，渔樵而已，别无闲客。醉后和友眠犊背，醒来瀹茗寻泉脉。把心情、分付陇头云，溪边石。　　身未老，头先白。人不见，山空碧。约钓竿共把，自斲钩直。相蜀吞吴成底事，何如只抱隆中膝。漫长歌、歌罢悄无言，看青壁。

西河

已亥秋作

黄昇

天似洗。残秋未有寒意。何人短笛弄西风，数声壮伟。倚栏感慨展双眸，离离烟树如荠。　　少年事，成梦里。客愁付与流水。笔床茶具老空山，未妨肆志。世间富贵要时贤，深居宜有馀味。　　大江东去日西坠。想悠悠千古兴废。此地阅人多矣。且挥弦寄兴、氛埃之外。目送蜚鸿归天际。

酹江月

戏题玉林

黄昇

玉林何有，有一弯莲沼，数间茅宇。断堑疏篱聊补葺，那得粉墙朱户。禾黍秋风，鸡豚晓日，活脱田家趣。客来茶罢，自挑野菜同煮。　　多少甲第连云，十眉环座，人醉黄金坞。回首邯郸春梦破，零落珠歌翠舞。得似衰翁，萧然陋巷，长作溪山主。紫芝可采，更寻岩谷深处。

谒金门

初春

黄昇

花事浅。方费化工匀染。墙角红梅开未遍。小桃才数点。人在暮寒庭院。闲续茶经香传。酒思如冰诗思懒。雨声帘不卷。

荔枝香

杨泽民

瞰水自多佳处。春未去。绣桷斗起凌空，隐隐笼轻雾。已飞画栋朝云，又卷西山雨。相与。共煮新茶取花乳。　　开宴处。俯北榭、临南浦。迤逦扁舟，双桨棹歌齐举。座上嘉宾，妙句无非赋鹦鹉。莫惜高烧蜡炬。

宝鼎现

寿范著林

陈著

著林仙叟，梦境炊得，才香还觉。回首渺，舸棱何处，云与商量浮计小。矮矮屋、半弓来闲地，也著三花两草。沸眼底、鞭风笠雨，不满茶边一笑。　　寿骨奇耸神清峭。散人装、游戏尘表。帘昼永、长留雅伴，吟唾宽飞潇洒料。最好是、瑟和琴同调，眉里相看耐老。更绿草、孙枝可意，谱得家传较早。　　争指画额儿儿，欢祝处、荷薰吹晓。记兰汤初试，当日风光又到。拚醻饮、任金尊倒。醉把羲娥傲。算万事、都是空花，雪柏霜松镇好。

鹊桥仙

次韵元春兄

陈著

兄年八十，弟今年几，亦是七旬有九。人生取数已为多，更休问、前程无有。　　家贫是苦，算来又好，见得平生操守。杯茶瓯水也风流，莫负了、桂时菊候。

恋绣衾

寿内子

陈著

梅窗归坐几岁寒。老生涯、寂寞自便。最喜得、双双健，与粗茶、淡饭结缘。　　眉前把酒深深劝，这时光、惟有靠天。看许大、痴儿女，且随宜、笑到百年。

宴清都

胡翼龙

梦雨随春远。征衫薄、短篷犹逗寒浅。栽芳付叶，书愁沁壁，水窗竹院。别来被箨梅润，暗尘积、旧题纨扇。许多时，闲了阑干，放得藓痕青满。　　谁念。杜若还生，蘋花又绿，不堪重□。山程水记，茶经砚谱，共谁闲展。湖山旧曾游遍。不怪得、近番心懒。恰今朝、水落洲平，江上楚帆风转。

满庭芳

秋彻檐花

胡翼龙

秋彻檐花，吟苦砚海，日长多费茶烟。怀芳心苦，持此过年年。雨外飞红何许，应流到、采绿洲边。销凝处，别离情绪，正是海棠天。　　吹花题叶事，如今梦里，记得依然。料归来、莺居春后，燕占人先。谁念文园倦客，琴空在、懒向人弹。愁何极，楚天老月，偏是到窗前。

沁园春

陈人杰

序：同林义倩游惠觉寺，衲子差可与语，因作葛藤语示之。

万法皆空，空即是空，佛安在哉。有云名妙净，可遮热恼，海名圆觉，堪洗尘埃。翠竹真如，黄花般若，心上种来心上开。教参熟，是菩提无树，明镜非台。　　偷闲来此徘徊。把人世黄粱都唤回。算五陵豪客，百年荣贵，何如衲子，一钵生涯。俯仰溪山，婆娑松桧，两腋清风茶一杯。拏舟去，更扫尘东壁，聊记曾来。

昼锦堂

北城韩园即事

陈允平

上苑寒收，西塍雨歇，东风是处花柳。步锦笼纱，依旧五陵台沼。绣帘珠箔金翠袅，琐窗雕槛青红斗。频回首。茶灶酒垆，春时几番携手。　　知否。人渐老。嗟眼为花狂，肩为诗瘦。唤醒乡心，无奈数声啼鸟。秉烛清游嫌夜短，采香新意输年少。归来好。

皈趁故园池阁，绿阴芳草。

柳梢青

陈允平

沁月凝霜。精神好处，曾悟花光。带雪煎茶，和冰酿酒，聊润枯肠。　　看花小立疏廊。道是雪、如何恁香。几度巡檐，一枝清瘦，疑在蓬窗。

过秦楼

寿建安使君谢右司

陈允平

谷雨收寒，茶烟飏晓，又是牡丹时候。浮龟碧水，听鹤丹山，彩屋幔亭依旧。和气缥缈人间，满谷红云，德星呈秀。向东风种就，一亭兰茁，玉香初茂。　　遥想曲度娇莺，舞低轻燕，二十四帘芳昼。清溪九曲，上巳风光，觞咏似山阴否。翠阁凝清，正宜瀹茗银罂，熨香金斗。看双鸾飞下，长生殿里，赐蔷薇酒。

鹧鸪天

寿表兄陈可大

陈允平

四壁图书静不哗。里湖深处隐人家。斑衣自斗百家彩，乌帽亲裁一幅纱。　　新酿酒，旋烹茶。半溪霜月正梅花。前庭手种红兰树，看到春风第二芽。

洞仙歌

答何君元寿词

何梦佳

天涯何处，望苍江渺渺。纵算解飞人不到。笑双丸乌兔，两鬓霜蓬，聊尔耳，那是人间三岛。　黄梁初梦觉，起看孤云，还自长歌自长啸。不记桃源何地，橘渚何年，生涯事、惟有炉烟茶灶。问先生谁友，有白石青松，共成三老。

疏影

催雪

刘辰翁

香篝素被。听花犯低低，瑶花开未。长记那时，炽炭围炉，瘦妻换酒行试。党家人在销金帐，约莫是、打围归际。又谁知、别忆烹茶，冷落故家愁思。　闻道滕骄巽懒，今朝待檄与，翻云须易。白白不成，又不教晴，做尽黄昏情味。银河本是冰冰底。怎忍向、东风成水。待满城、玉宇琼楼，却报卧庐人起。

烛影摇红

刘辰翁

序：立春日雪，和秋崖韵。

春日江郊，素娥吹下银幡舞。东风点点乱茶烟，留到明朝否。掩袖凝寒不语。漫黏酥、枝枝缕缕。断肠何似，飞絮多时，落梅深处。　仙掌擎来，翠眉敛半看成露。惊沙马上面帘轻，谁贵毡庐主。多少高阳伴侣。到如今、沉冥几许。乘槎相问，万里银河，欲归无路。

汉宫春

壬午开炉日戏作

刘辰翁

雨入轻寒，但新篘未试，荒了东篱。朝来暗惊翠袖，重倚屏帏。明窗丽阁，为何人、冷落多时。催重顿，妆台侧畔，画堂未怕春迟。　　漫省茸香粉晕，记去年醉里，题字倾攲。红炉未深乍暖，儿女成围。茶香疏处，画残灰、自说心期。容膝好，团栾分芋，前村夜雪初归。

八声甘州

刘辰翁

序：春雪奇丽，未能赋也，因古岩韵志喜。

甚花间、儿女笑盈盈。人添雪狮成。任踏青无路，凌波有地，步步光尘。招得梅妃魂也，好似去年春。柳亦何曾絮，都是云英。　　休道东皇诞漫，到茶烟歇后，谁浊谁清。赖谢娘好语，端胜解围兵。看昨朝、天公雨粟，定大家、快活社翁平。春晴好，溶溶雨尽，听卖花声。

摸鱼儿

赋云束楼

刘辰翁

更比他、东风前度，依然一榻如许。深深旧是谁家府，落日画梁燕语。帘半雨。记湖海平生，相遇忘宾主。阑珊春暮。看城郭参差，长空澹澹，沙鸟自来去。　　江山好，立马白云飞处。终是吾土。登临笑傲西山笏,烟树高高杜宇。君且住。况双井泉甘,汲遍茶堪煮。歌残金缕。恰黄鹤飞来,月明三弄,仍是岳阳吕。

醉太平

寿须溪

颜奎

茶边水经。琴边鹤经。小窗甲子初晴。报梅花小春。　　小冠晋人。小车洛人。醉扶儿子门生。指黄河解清。

声声慢

禁酿

尹济翁

雕鞍芳径,翠管长亭,春酲不负妍华。几丈闲愁,寄风吹落天涯。深深小帘朱户,是何人、重整香车。愁未醒,记竹西歌吹,柳下人家。　　眉锁何曾舒展,看行人都是,醉眼横斜。寄语高阳,从今休唤流霞。残春又能几许,但相从、评水观茶。清梦远,怕东风、犹在杏花。

浣溪沙

题紫清道院

周密

竹色苔香小院深。蒲团茶鼎掩山扃。松风吹尽世间尘。

静养金芽文武火,时调玉轸短长清。石床闲卧看秋云。

满江红

寄剡中自醉兄

周密

秋水涓涓，情渺渺、美人何许。还记得、东堂松桂，对床风雨。流水桃花西塞隐，茂林修竹山阴路。二十年、历历旧经行，空怀古。　　评砚品，临书谱。笺画史，修茶具。喜一愚天禀，一闲天赋。百战征求千里马，十年饾饤三都赋。问何如、石鼎约弥明，同联句。

桂枝香

和詹天游就访

赵功可

晓天凉露。天上玉箫吹，飞声如雨。金阙高寒，闲却一庭梅雨。漫漫八表尘埃梦，把文章、洗空千古。精神一似，风裳水佩，兰皋蘅浦。　　看万里、跳龙跃虎。甚花娇英气，剑清尘妩。憔悴江南，应念小窗贫女。朱楼十二春无际，倚苍寒、青袖如故。茶香酒熟，月明风细，试教歌舞。

绮寮怨

和儿韵

赵功可

忽忽东风又老，冷云吹晚阴。疏帘下、茶鼎孤烟，断桥外、梅豆千林。江南庾郎憔悴，睡未醒、病酒愁怎禁。倚阑干、一扇凉风，看平地、落花如雪深。　　千曲囊中古琴。平泉金谷，不堪旧事重寻。当日登临。都化作、梦销沉。元龙丘坟无恙，谁唤起，共论心。哀歌怨吟。问何似、啼鸟枝上音。

大江乘

郭县尹美任

阮槃溪

东阳四载，但好事、一一为民做了。谈笑半闲风月里，管甚讼庭生草。瓯茗炉香，菜羹淡饭，此外无烦恼。问侯何苦，自饥只要民饱。　　犹念甘旨相违，白云万里，不得随昏晓。暂舍苍生归定省，回首又看父老。听得乖崖，交章力荐，道此官员好。且来典宪，中书还二十四考。

多丽

念念

詹玉

晚云归，小楼又作阴凉。霎儿间，恨桐招雨，西风叶叶商量。醒时心、又还南浦，愁边句、多在斜阳。菱碗笼青，莲瓶拖艳，旋倾花水咽茶香。怨蛩有、许多言语，说动软心肠。夜沉沉，几条凉月，界破晴窗。　　共绣帘吹絮未久，却孤剑水云乡。自家书、未能成字，邻家笛、且莫吹商。好梦偏悭，闲情未了，隔墙又唱秋娘。帕绡衣、旧时香折，戏封做书囊。鸳鸯字，见时千万，绣一双双。

八声甘州

寿张尚书

詹玉

从黄石容履，一编书，曾佐汉王关。甚殷勤佳约，茹芝人共，引鹤差鸾。借手便成羽翼，方略正如闲。说道赤松去，还在人间。　　紫绶青春如许，是南辰尊宿，北斗天官。问沙堤早晚，喜色满长安。传宣能勾凤诏，便玉除前面领仙班。功名了，却茶烟琴月，慢慢东山。

玲珑玉

半闲堂赋春雪

姚云文

开岁春迟，早赢得、一白潇潇。风窗淅簌，梦惊金帐春娇。是处貂裘透暖，任尊前回舞，红倦柔腰。今朝。亏陶家、茶鼎寂寥。　　料得东皇戏剧，怕蛾儿街柳，先斗元宵。宇宙低迷，倩谁分、浅凸深凹。休嗟空花无据，便真个、琼雕玉琢，总是虚飘。虚飘。且沉醉，趁楼头、零片未消。

八拍蛮

仇远

翠袖笼香醒宿酒，银瓶汲水瀹新茶。几处杜鹃啼暮雨，来禽空老一春花。

婆罗门引

送张监察出闽

熊禾

秋宵倦起，起来风露湿人衣。休休未是早行时。旋摘青蔬炊饭，暖酒就炉围。值青山有意，且把诗题。　　兴阑便归，忽邂逅、故人期。道是游山正叔，消息曾知。茶烟午灶，听击棹、歌声笑语迟。云霭散、皓月呈辉。

沁园春

自筹

熊禾

自笑生身，历事以来，垂六十年。今浮沉闾里，半非识面，交游朋友，各已华颠。富贵不来，少年已去，空见悠悠岁月迁。虽然是，壮心一点，犹自依然。　　新阳又长天边。人指似山间诗酒仙。算胸次崔嵬，不胜百榼，笔端枯槁，难足千篇。隐几杖藜，相耕听诵，聊看诸郎相后先。馀何事，但读书煮茗，日晏高眠。

祝英台近

登武夷平林

刘应李

濯沧浪，歌窈窕，云日弄微霁。屏倚曾空，鹤去几何岁。尚留洞草芊青，岩花重碧，游泳处、露中风袂。　　木兰舣。亭外冉冉斜阳，杯行尚联断。独凭危阑，解渴漱寒水。少须酒力还低，茶香不断，清与处、月明川底。

桂枝香

天柱山房拟赋蟹

唐艺孙

收帆渡口。认远岸夜篝，松炬如昼。还见沙痕雪涨，水纹霜后。秦宫梦到无肠断，望明河、月斜疏柳。琐窗相对，茶边犹记，眼波频溜。　　渐嫩菊、初篘绿酒。叹风味尊前，潇洒如旧。几度金橙香雾，玉盘纤手。清愁小醉凄凉里，拼今生、容易消瘦。草心春浅，年年相忆，看灯时候。

桂枝香

天柱山房拟赋蟹

唐珏

松江舍北。正水落晚汀，霜老枯荻。还见青匡似绣，绀螯如戟。西风有恨无肠断，恨东流、几番潮汐。夜灯争聚微光，挂影误投帘隙。　　更喜荐、新篘玉液。正半壳含黄，一醉秋色。纤手香橙风味，有人相忆。江湖岁晚听飞雪，但沙痕、空记行迹。至今茶鼎，时时犹认，眼波愁碧。

木兰花慢

禁酿

罗志仁

汉家糜粟诏，将不醉、饱生灵。便收拾银瓶，当垆人去，春歇旗亭。渊明权停种秫，遍人间，暂学屈原醒。天子宜呼李白，妇人却笑刘伶。　　提葫芦更有谁听。爱酒已无星。想难变春江，蒲桃酿绿，空想芳馨。温存鸬鹚鹦鹉，且茶瓯淡对晚山青。但结秋风鱼梦，赐酺依旧沉冥。

还京乐

送陈行之归吴

张炎

醉吟处。多是琴尊，竟日松下语。有笔床茶灶，瘦筇相引，逢花须住。正翠阴迷路。年光荏苒成孤旅。待趁燕樯，休忘了、玄都前度。　　渐烟波远，怕五湖凄冷，佳人袖薄，修竹依依日暮。知他甚处重逢，便匆匆、背潮归去。莫因循、误了幽期，应孤旧雨。伫立山风晚，月明摇碎江树。

声声慢

赋渔隐

张炎

门当竹径，鹭管苔矶，烟波自有闲人。棹入孤村，落照正满寒汀。桃花远迷洞口，想如今、方信无秦。醉梦醒，向沧浪容与，净濯兰缨。　　欸乃一声归去，对笔床茶灶，寄傲幽情。雨笠风蓑，古意谩说玄真。知鱼淡然自乐，钓清名、空在丝纶。笑未已，笑严陵、还笑渭滨。

春从天上来

张炎

序：已亥春，复回西湖，饮静传董高士楼，作此解以写我忧。

海上回槎。认旧时鸥鹭，犹恋蒹葭。影散香消，水流云在，疏树十里寒沙。难问钱塘苏小，都不见、擘竹分茶。更堪嗟。似荻花江上，谁弄琵琶。　　烟霞。自延晚照，尽换了西林，窈窕纹纱。蝴蝶飞来，不知是梦，犹疑春在邻家。一掬幽怀难写，春何处、春已天涯。减繁华。是山中杜宇，不是杨花。

甘州

饯草窗归雪

张炎

记天风、飞佩紫霞边，顾曲万花深。甚相如情倦，少陵愁老，还叹飘零。短梦恍然今昔，故国十年心。回首三三径，松竹成阴。　不恨片篷南浦，恨剪灯听雨，谁伴孤吟。料瘦笻归后，闲锁北山云。是几番、柳边行色，是几番、同醉古园林。烟波远，笔床茶灶，何处逢君。

壶中天

张炎

序：陆性斋筑葫芦庵，结茅于上，植桃于外，扁曰小蓬壶。

海山缥缈。算人间自有，移来蓬岛。一粒粟中生倒景，日月光融丹灶。玉洞分春，雪巢不夜，心寂凝虚照。鹤溪游处，肯将琴剑同调。　休问挂树瓢空，窗前清意，赢得不除草。只恐渔郎曾误入，翻被桃花一笑。润色茶经，评量山水，如此闲方好。神仙陆地，长房应未知道。

台城路

遥岑寸碧

张炎

序：澄江众山外，无锡惠峰在其南，若地灵涌出，不偏不倚，处楼之正中，苍翠横陈，是斯楼之胜境也。

翠屏缺处添奇观，修眉远浮孤碧。天影微茫，烟痕黯淡，不与千峰同色。凭高望极。向帘幕中间，冷光流入。料得吟僧，数株松下坐苍石。　　泉源犹是故迹。煮茶曾味古，还记游历。调水符闲，登山屐在，却倚阑干斜日。轻阴易□。看飘忽风云，晦明朝夕。为我飞来，傍江横峭壁。

摸鱼子

张炎

己酉重登陆起潜皆山楼，正对惠山

步高寒、下观浮远，清晖隔断风雨。醉魂误入滁阳路。落莫不知何处。阑屡拊。又却是，秋城自有芙蓉主。重游倦旅。对万壑千岩，长江巨浪，空翠洒衣履。　　景如许。都被楼台占取。晴岚暖霭朝暮。乾坤静里闲居赋。评泊水经茶谱。留胜侣。更底用，林泉曳杖寻桑苎。休休访古。看排闼青来，书床啸咏，莫向惠峰去。

踏莎行

咏汤

张炎

瑶草收香，琪花采汞。冰轮碾处芳尘动。竹炉汤暖火初红，玉纤调罢歌声送。　　麾去茶经，袭藏酒颂。一杯清味佳宾共。从来采药得长生，蓝桥休被琼浆弄。

风入松

为山村赋

张炎

晴岚暖翠护烟霞。乔木晋人家。幽居只恐归图画，唤樵青、多种桑麻。门掩推敲古意，泉分冷淡生涯。　　无边风月乐年华。

留客可茶瓜。任他车马虽嫌僻，笑喧喧、流水寒鸦。小隐正宜深静，休栽湖上梅花。

法曲献仙音

题姜子野雪溪图

张炎

梅失黄昏，雁惊白昼，脉脉斜飞云表。絮不生萍，水疑浮玉，此景正宜舒啸。记夜悄、曾乘兴，何必见安道。　　系船好。想前村、未知甚处。吟思苦，谁游灞桥路杳。清饮一瓢寒，又何妨、分傍茶灶。野屋萧萧，任楼中、低唱人笑。渐东风解冻，怕有桃花流到。

风入松

酌惠山泉

张炎

一瓢饮水曲肱眠。此乐不知年。今朝忽上龙峰顶，却元来、有此甘泉。洗却平生尘土，慵游万里山川。　　照人如鉴止如渊。古窦暗涓涓。当时桑苎今何在，想松风、吹断茶烟。著我白云堆里，安知不是神仙。

壶中天

寿月溪

张炎

波明昼锦，看芳莲迎晓，风弄晴碧。乔木千年长润屋，清荫图书琴瑟。龟甲屏开，虾须帘卷，瑶草秋无色。和熏兰麝，彩衣欢拥诗伯。　　溪上燕往鸥还，笔床茶灶，筇竹随游屐。闲似神仙闲最好，未必如今闲得。书染芝香，驿传梅信，次第来云北。金尊须满，月光长照歌席。

沁园春

王炎午

又是年时，杏红欲脸，柳绿初芽。奈寻春步远，马嘶湖曲，卖花声过，人唱窗纱。暖日晴烟，轻衣罗扇，看遍王孙七宝车。谁知道，十年魂梦，风雨天涯。　　休休何必伤嗟。谩赢得、青青两鬓华。且不知门外，桃花何代，不知江左，燕子谁家。世事无情，天公有意，岁岁东风岁岁花。拚一笑、且醒来杯酒，醉后杯茶。

八声甘州

和人春雪词

刘将孙

看东风、天上放梅开，经岁又新成。笑柳眼迷青，桃腮改白，蝶舞尘惊。任是万红千紫，无力与春争。想建章鳷鹊，犹是残霙。　　不比腊前憔悴，拨寒炉榾柮，茶薄烟清。快玉龙战罢，四野迥收兵。望红花、扶桑国里，玉玲珑、□□海天平。晴窗下，疏疏花雨，滴滴春声。

沁园春

自寿

竹林亭长

自笑生身，历事以来，垂六十年。今浮湛闾里，半非识面，交游朋友，各色华颠。富贵不来，少年已去，空见悠悠岁月迁。虽然是，只壮心一点，犹自依然。　　新阳又长天边。人指似山间诗酒仙。算胸次崔嵬，不胜百榼，笔端枯槁，难足千篇。隐几杖藜，相耕听诵，聊看诸郎相后先。馀何□，但读书煮茗，日晏高眠。

满江红

夏

张半湖

新绿池塘，一两点、荷花微雨。人正静，桐阴竹影，半侵庭户。敧枕未圆蝴蝶梦，隔窗时听幽禽语。卷沙帏、随意理琴丝，黄金缕。　　鲛绡扇，轻轻举。龙涎饼，微微炷。向水晶宫里，坐消袢暑。剥啄谁敲棋子响，莺儿林里惊飞去。最好是、活水瀹新茶，醒春酹。

扫花游

张半湖

柳丝曳绿，正豆雨初晴，水天朱夏。石榴绽也。看猩红万点，倚亭敧榭。锁闼深中，料想酒阑歌罢。日将下。是那处藕花，香胜沉麝。　　窗外风竹打。似戛玉敲金，送声潇洒。共观古画。唤石鼎烹茶，细商幽话。宝鸭烟消，天外新蟾低挂。凉无价。又丁东、数声檐马。

齐天乐

寿刘畴斋

刘学颜

红冈小塔枫林路，曾见承平歌舞。舞罢人归，月斜影转，重见郎官星度。乡关境土，又二十馀年，桑麻深露。说与闾巷，少年知得当时否。　　如今苍颜白髮，问耕聊尔耳，依稀农圃。父老吾伊，深山鸡黍，谁念乱离父母。村南昼午。谩对客烹茶，笑谈今古。千岁迢迢，竹风时扫户。

沁园春

寿韦轩八十一岁(九月初二)

李慧之

八九十翁，似婴儿戏，汉司马迁。记渭川垂钓，一年之长，龙山吹帽，七日之前。口角春风，襟期秋月，万事从来只任缘。随渠道，更登天富贵，陆地神仙。　　儿孙绿绶青编。看鼓舞云霄高刺天。但阶移花影，闲寻棋局，风斜竹径，缓起茶烟。心迹逾清，精神越健，不用金丹资节宣。洪崖老，笑将眉寿，祝我老人轩。

水调歌头

万某

序：九日修故事访南山，崖间有前太守所作水调歌头，率尔次韵。

卷尽风和雨，晴日照清秋。南山高处回首，潇洒一扁州。且向飞霞瀹茗，还归云间书院，何幸有从游。随分了公事，同乐与同忧。　　少年事，湖海气，百尺楼。萧萧华发，归兴只念故山幽。

今日聊修故事，□岁大江东去，应念我穷愁。不但莼鲈□，杜若访芳洲。

声声慢

无名氏

梅黄金重，雨细丝轻，园林雾烟如织。殿阁风微，帘外燕喧莺寂。池塘彩鸳戏水，雾荷翻、千点珠滴。闲昼永，称潇湘竿叟，烂柯仙客。　　日午槐阴低转，茶瓯罢、清风顿生双腋。碾玉盘深，朱李静沉寒碧。朋侪闲歌白雪，卸巾纱、樽俎狼藉。有皓月、照黄昏，眠又未得。

鹧鸪天

自寿

无名氏

云外青山是我家。两年城里作生涯。杜陵赏月延秋桂，彭泽无钱对菊花。　　初度日，感年华。三杯浊酒一瓯茶。尊前儿女休相笑，更有人穷似汝爷。

沁园春

寿冰壑(十月十七)

无名氏

冰壑平生，如伯伦狂，似希乐豪。喜观书不用、菊茶明眼，登山不倩、藜杖扶腰。豆粥萍齑，鲙羹鳞脯，湖海人常折简招。谁云老，有满怀风月，藏在诗瓢。　　凌晨向鹄冲霄。道昴宿于今又应萧。记垂弧令节，恰当后日，下元好景，正属前朝。冷胆如天，刚肠如剑，须把千杯寿酒浇。那堪更，是梅花时月，烂熳溪桥。

遍地花

妓行七(小石调)

无名氏

元是竹林旧伴侣。去人日、偶相遇。笑卢同、狂怪尝茶，问子建、诗成几步。　忆去年、乞巧同欢，把琴弦、细细与说。伤你爱四勾三，生下五男二女。

后 记

又是一年秋风起，却无萧瑟意味。反倒是觉得，丹桂飘香的季节里，充满着收获的喜悦。这本小书终于可以付梓了，喜悦之余，也不免忐忑。

我从来没有想过会与茶文化研究结缘，完全是机缘巧合。2012年，我被聘为南昌大学茶文化研究所副所长，才逼着自己开始涉猎茶文化研究领域（对茶文化研究来说我是门外汉），试着把它与我的老本行中国古代文学研究结合起来，才有了今天这个貌似跨界的结果。这几年，带着几个硕士研究生做茶文化研究方面的课题，包括指导茶文化研究方面的硕士学位论文，故而有点小收获，这本小书就是其一。

袁春梅同学是我指导的2013级古代文学硕士研究生，专业基础好，学习勤奋刻苦，成绩显著。本想指导她从宋代茶词选题撰写学位论文，终因研究对象不理想而改题。诗词鉴赏类图书比比皆是，但茶诗词鉴赏的书籍实不多见。鉴于此，我们以中华书局版《全宋词》为准，花了近一年的时间，爬梳咏茶词和涉茶词，然后对咏茶词作注释、鉴赏、辑评，把涉茶词列入附录中，最终合作完成了这本书。春梅同学出力至多，居功甚伟。

本书得以付梓，有赖于诸位先生的大力支持与无私帮助。南昌大学招就处处长、茶文化研究所所长李晓路先生全力支持，资助出版经费。茶文化研究泰斗、原《江西社会科学》杂志社社长、原江西省社会科学院首席研究员余悦先生，于百忙中挤出时间为本书赐序(在火车上著就)，并提出了许多宝贵意见。江西人民出版社吴艺文先生付出了辛勤劳动，编辑本书。在此，一并致以深深的谢意！

由于我们的能力与水平有限，错漏之处肯定不少，敬请方家不吝赐教。

李精耕

二〇一五年九月于青井斋